CARPENDIUM

A Collection of Poetry & Reflection

Table of Contents

To Whom It May Concern (Foreword) 1

A Woman's Cry 3

Will Power 8

Simply Phenomenal 11

Black Beauty & Equity 13

How Much is Enough? 17

The One in the Mirror 20

Above My Head 24

I Am Not a HO 26

I AM NOT A VICTIM: "The Mantra" 30

I AM NOT A VICTIM: "The Journey" 31

What It Is and What It Is Not 35

The Ceiling Meets the Floor 37

I Want You, But Then I Don't 39

So, I Cry 42

A Mom Is Born! 46

Motherhood 48

When My Baby Cries, My Heart Dies 50

In Love, Over and Over Again 55

That's My Baby! 58

Generations of Motherhood 61

To the Mothers Who Struggle in Silence..64

The Struggles of Being a Single Mother 66

Missing Father 69

The RAGE in Me..72

How Dare He???...77

Dear Roommate..81

Dear Booty Call,...85

Thoughts on a Train 88

Sex, Lies, and Wishful Thinking..92

Happy Endings...98

Story of Him and Her... 101

Do you remember... 104

Whether or Not 108

Shake It Off.. 111

My truth at the moment... 113

Re-lay-ship... 120

Asking God 122

Today 124

Thank You, Africa.. 128

Why Does It Always Have to Be About Race?.................................... 130

The Land of My Birth 134

From Yard to Foreign: An Immigrant's Journey................................. 137

Growing Up Jamaican 140

Di Hypocrisy of Di Church 143

Prayer for Jamaica 145

My Life 149

The Seasons of Depression 153

How Depression Became My Best Friend 155

Blind Decisions 159

How I Feel Lately 162

Veins Are Sexy--------- 164

Strong Man 167

IDGA-Flip 170

Scared?-------- 176

Is It Wrong? 179

Forty Minutes of Feet Heaven 182

She Rises 189

The Feeling of Leaving 191

I Wasn't Ready (A Divorce Story) 195

I Wasn't Ready (Part II) 200

Someone, Somewhere 203

Marry-Jane? 205

The Norm 208

Black & White: Love & War 210

Sunny Side Up	213
You Are the Dick	216
I Am That B.I.T.C.H.	220
Poly-Ga-ME	223
Leave It in the Past, They Say	226
Nothing Lasts Forever—Except the Word Forever	229
Smoking & Non-Smokers	232
Men Will Be Men	234
What a Man Wants	237
What a Woman Needs	239
Saved by a Scorpio	243
I Am Not Mad	245
In the Mind of the Depressed	247
Getting Over Abuse	251
When I Am Done: It's Over	254
Taking Back My Power	256
Fit In?	259
Unapologetically Woman--------I am who I am. You either accept it or you don't.	261
Angels Without Wings	264
The Work on Self	268
Self-Growth	270

Acknowledgements	272
Closing Thoughts	274
Stay Connected with Lady Carline	276
Tribute to Mama Gretel	277

By Carline Brown

Seize the moment. Speak the truth. Live unapologetically

Copyright

© 2025 by **Carline Brown**

All rights reserved.

No part of this book may be copied, reproduced, stored, or transmitted in any form or by any means, electronic or mechanical, including photocopying, recording, or by any information storage and retrieval system, without the prior written permission of the author, except in the case of brief quotations used in critical articles and reviews.

Published by Publishing Creatively LLC

ISBN:979-8-9928572-1-4

First Edition: **2025**

For inquiries or permissions, contact: publishingcreatively@gmail.com

Dedication

This book is for **every soul that has ever felt deeply, loved fiercely, fought silently, and survived unapologetically.**

To my friends, family, and the unexpected angels who showed up when I needed them most—**your kindness, support, and unwavering belief in me will never be forgotten.**

To the ones who doubted me, tried to silence me, or broke me—thank you. **You only made me stronger.**

And to every reader holding this book—you are a part of this journey now. May these words remind you to embrace every moment, live fearlessly, and never dim your light for anyone.

To my daughter, **Zahira Brown,** my greatest inspiration—your light, love, and laughter fuel my soul. You remind me every day of the power of resilience and the beauty of unconditional love. Your words hold a special place in this book, as they do in my heart:

This is for you.

I LOVE YOU

By Zahira Brown

Roses are red, violets are blue.

I'm the tea, and you're the sugar too!

You complete my life

You make my life perfect, you really do!

I appreciate you.

I would catch a bullet for you.

I would do anything for you.

I bless you with my heart,

It's like you are the dream, and it came through.

Really, what I'm trying to say is, I Love You!

Introduction

Life is fleeting, unpredictable, and often unfair—but within its chaos, there is beauty, resilience, and power.

Carpendium is more than just poetry; it is a collection of raw, unfiltered experiences—love and loss, rage and redemption, laughter and longing, struggle and survival.

This book is a testament to living boldly, unapologetically, and authentically. It captures my truths, my battles, and my victories. Every poem is a moment in time—some filled with passion, others with pain. Some scream for justice, while others whisper of love. But all of them, without exception, are real.

Many of these words were written in my lowest moments, when I had nothing left but my voice. Others were born from joy, from clarity, from lessons learned. This book is my journey, my story, my art—but within these pages, you may find your own story too.

◈ Carpendium is not "Carpe Diem."

The name is intentional. While *Carpe Diem* means *seize the day,* Carpendium is my reclamation of every single moment—painful or powerful. It's about holding space for both the dark and the light, the breakdowns and the breakthroughs.

So, if you're wondering whether it was a typo—no, it's not.

But don't worry—you'll see **Carpe Diem** make its way into the trilogy. Stay tuned for what's next. This is only the beginning.

Carpendium is about seizing the day *your* way, embracing every emotion, and never being afraid to own your truth.

So, take this journey with me. Feel the words, breathe them in, and let them remind you—

you are not alone.

Welcome to *Carpendium*

To Whom It May Concern (Foreword)

I've been writing for as long as I can remember—pieces here and there, moments turned into words. But after escaping my tumultuous marriage, writing became my lifeline. My daughter and I spent nearly a year living in shelters—three different ones. One room, two hearts, and too many nights wondering how much more we could take.

I migrated from Jamaica chasing love, family, and stability. I didn't come to the U.S. for a green card, and I sure as hell wasn't staying in a marriage for one. When the abuse began, I knew I couldn't fight back the way I wanted to—I had too much to lose. So, I suffered in silence, and that silence nearly broke me. Depression and anxiety became my unwanted companions, whispering louder than reason.

One cold winter Friday, I slipped on the pavement outside the shelter and fell face down, lying there for minutes until someone found me. I had fractured a bone. Soon after, my car frame broke—and in that town, a car wasn't a luxury, it was survival. I couldn't get to the job I'd just started, or to school. When I say I hit rock bottom, I mean I felt the ground. But drugs weren't an option, and suicide wasn't either. So I turned to the only escape I had—**writing**. I wrote through tears, through fear, through the kind of loneliness that echoes. I wrote about the life I'd left behind in Jamaica and the courage I was fighting to build in America. I wrote to remind myself that even in the lows, there were still highs worth reaching for.

Eventually, I wrote so much that my words began opening doors. I applied for scholarships using my personal essays—and I won. Those awards paid my way through school and eventually helped me earn my bachelor's degree. At Dutchess Community College, I even received an award recognizing a student who faced great adversity and still managed to succeed. That moment reminded me that what tried to break me was, in fact, building me.

In 2021, I submitted one of my poems, *"A Woman's Cry,"* to the DCC Literary Magazine—and it was published. That moment was a spark. It reminded me that my voice mattered. This book was originally meant to be published after receiving my first honorary degree—but here we are, four years later, finally ready. Life has been life-ing, but maybe that's exactly how it was meant to be. Every setback shaped this work into what it is now—a collection of survival, resilience, and rebirth.

So, this is my offering to the world. A reminder that pain doesn't define us—it refines us.

Carline Brown

A Woman's Cry

You say you want a woman who **motivates** you,

You get one, then you say she **belittles** you!

You take me for granted—maybe because you believe I'll stick around,

But you're **stupid** to think I'm gonna sit muted and play clown.

You got another thing coming, 'cause **man**, I love to be alone!

With myself, there is **peace**—no one to drag, no one to call me a nag.

See, I'm not one of those weak-ass that think I need a man to complete me.

I was **self-made**, and while a man may have contributed, he could have **never dictated.**

I like to give **Caesar** what is due...

I am my **own woman**, not a woo to a man.

That's why, no matter the **mess,** you will **not** be my **stress.**

(You hear me, boo boo? You will not stress me the hell out, OKKKKK!)

Don't get me wrong—I **love** and **appreciate** you,

I just **don't like you** and can't stand your ass sometimes too!

I'm sorry if it sounds harsh, but let's be honest—it's better I be **honest.**

I may be a lot of things, but you can never call me a **liar**—

At the end of the day, I am your **fire, your one desire.**

Which is why you **will** have to treat me **right.**

I will not accept **less**, because then, I **deserve** less than the **best.**

And oooohhh I. Want. The. **Best.**

Even when it's at its worst, Chile, **mediocrity never quenched my thirst!**

That's why you, my dear, have to be **a cut above the rest—**

Even more, 'cause we share the **same address!**

We gotta have **proper communication**

So we can lay the **right foundation,**

Especially if we **tryna build a nation.**

You think I'm **perfect,** but I'm **not.**

I just like to give the **best that I got!**

I give **100,** I want **100.**

If I give **50,** then okay, you can do likewise—

I'm **fair** and **understanding.**

We humans, I know, we can lose our **landing.**

You know how sweet you are when you **want the nookie?**

Be that sweet **all the time** and stop acting like a damn **rookie!**

Wait—what? You **are** a rookie?

No wonder you don't know how to **handle the cookie!**

Okay, fine, lemme **school ya,** but just a little,

'Cause I don't wanna **fool ya.**

Different people like different **thangs,**

But at the end of the day, we can agree on **some things:**

Lesson 101

A woman may want **a lot,**

But really needs **three things**—

Attention, Appreciation, and Affection!

Master that, and you will **doctor the cat.**

See, we were spoiled as **princesses**—now we're **queens.**

We will **reign** or it will **rain!**

It's not our fault—we **know exactly what we want.**

The big things? **No.**

The **little ones.** They make a **grand-swell** difference.

Yeah, we like the **gifts,** but your **respect** is a **bliss.**

Give us that, and you will **never miss.**

I love you, but I **don't always like you.**

Truth is—I wanna be **in love with you!**

But it's **hard** because you **won't play your part.**

I pray for your sake,

Very soon you will be **awake,**

'Cause **Lord knows** I'm trying,

But truly, my **soul is dying**—

Not because you don't see me **crying.**

I love you... but I **love me more.**

So selfish, I gotta be, for sure.

I hate to break your **brittle heart,**

But it's best we **stay apart.**

I will love you **from afar,**

'Cause my **sanity** needs to stay **up to par!**

Behind the Words: A Woman's Cry

This piece is **raw, unfiltered, and unapologetic**—a reflection of a woman standing in her power. It captures the frustration of being misunderstood, the demand for respect, and the truth about love: **it's not just about passion, but partnership.** The tone is both fierce and vulnerable, balancing **strength and longing** in a way only a confident woman can.

Author's Note

This poem was originally featured in the **DCC Literary Magazine Spring Collection 2021, Poughkeepsie, New York.** *Being recognized in this publication was a defining moment, marking my growth as both a writer and a woman.*

Will Power

I **will not** let you get me **upset.**

I **will not** let you **tear me down.**

Oh no, I **will not** let you **shift my crown.**

I **will not** even let you see me **frown.**

I **will maintain.**

I **will** hold my head up **high.**

I **will** be **strong.**

I **will** apologize **if I'm wrong.**

I **will** persevere, and I **will** survive.

I **will** push through,

No matter the test,

Or even if I'm **under arrest.**

I **will** love you just the same,

But from a bit of a **while away.**

For I **love me more.**

And that's what I **will always do—**

For sure.

Behind the Words: Will Power

This poem is a **mantra of resilience.** It's about **setting boundaries, choosing peace, and refusing to let negativity take hold.** The repetition of

8

"I will" is a declaration, a promise to self that no matter the situation, self-love comes first. It's a reminder that **walking away isn't weakness—it's power.**

Simply Phenomenal

I am **a woman.**

Simply phenomenal.

It doesn't matter what **the test,**

I will not **rest**

Until the **good is better,**

And **better is best.**

A woman **you should never underestimate.**

I can be your **worst enemy,**

Or your **greatest soulmate.**

You decide **where you will lie—**

With me, or against me.

Support me, or step aside.

Because I am **a woman.**

Simply phenomenal.

A man may be **stuck on still,**

But a woman **will climb the hill.**

Her **determination** is never in question.

Out of **frustration,** she can **raise a nation.**

Her **loyalty** isn't vague, isn't fleeting.

Her **love** can be tender—

Or **completely consuming.**

But her **hatred?**

That, too, knows **no limits.**

Behind the Words: Simply Phenomenal

This poem is **an anthem—powerful, bold, and unapologetic.** It speaks to **a woman's resilience, strength, and duality.** A woman can be **gentle, yet fierce.**

She can be **loving, yet ruthless.** She can **build or destroy, heal or harm,**

Because **her power is limitless.** It is **a declaration**—that no one should **underestimate** a woman's strength. Because she is **simply phenomenal.**

Black Beauty & Equity

They say beauty is in the eye of the beholder,

But what happens when the world refuses to see?

When the melanin in my skin is not just **a shade**—

But a **statement.**

A threat.

A revolution.

I stand in my **Blackness**—

Bold, unshaken, rich like the soil of my ancestors' land.

My hair defies gravity,

My lips are full of stories,

And my skin absorbs the sun,

Turning its light into **power.**

Yet, equity is a game

Where the rules were never made for me.

They say, *work twice as hard*—

But still, I watch them hand out crowns

To those who have never walked barefoot

On roads paved with resistance.

They **fetishize** my features,

But fear my voice.

They **admire** my strength,

But resent my presence.

They call my beauty "exotic,"

Like I am some foreign creation—

Instead of the **origin.**

Equity?

It's not in the makeup aisles

That once told me my shade didn't exist.

It's not in boardrooms

Where my presence is "diversity"—

Not **deserved.**

It's not in paychecks,

Where my labor is valued **less,**

Even when I give **more.**

But I **am here.**

Unapologetic.

Unmovable.

Unstoppable.

I do not ask for a seat at the table—

I build my own.

I do not wait for validation—

I **am** the standard.

And I will not shrink,

Dim,

Or bend,

To fit inside a system

That was never built for me.

Black beauty is equity.

Because to exist,

To thrive,

To love myself **without permission**—

Is already a revolution.

Behind the Words: Black Beauty & Equity

This poem is a **celebration and a confrontation.**

It speaks to the **duality** of being admired yet overlooked,

Of being **desired yet denied.**

It explores the struggles of **seeking equity** in a world

That profits from **Black culture**

But does not **value Black people.**

But this is not a poem about waiting—

It's about **claiming.**

Owning.

Taking up space.

Because Black beauty is not just skin deep—

It is **power, history, and resilience.**

How Much is Enough?

How much pain do I have to bear

Before the weight is lifted?

How many times do I have to prove myself

Before I am finally gifted—

With peace, with rest, with the love I deserve?

How much is enough?

How many nights of crying in silence,

Swallowing screams like bitter pills?

How many times must I give my all,

Only to be left with empty hands,

Empty heart, empty home?

How much is enough?

How many sacrifices must I make,

Before the universe decides I have paid my dues?

How many times must I break,

Before I am allowed to be whole?

How much is enough?

Is it when my hands are calloused from labor,

My mind worn from overthinking,

My body tired from fighting battles

I never signed up for?

Is it when I've given love

To those who never deserved it,

And held space for people

Who never held me?

When do I get to say, **No more?**

When do I get to **rest?**

When do I finally get to say, **I have had enough**—

And believe it?

Maybe the truth is,

Enough was never meant for me.

Maybe I was built for **more**—

More struggle, more lessons, more rising.

Maybe the question isn't,

"How much is enough?"

Maybe the question is,

"How much more can I take?"

And the answer is always—

More than they ever thought I could.

But, Lord...

When does survival stop feeling like punishment?

When does resilience stop feeling like a curse?

When do I get to breathe without wondering what's next?

How much more, God?

How much more before "more" finally means peace?

Behind the Words: How Much is Enough?

This poem **hits at the breaking point—the moment when exhaustion outweighs endurance, when survival feels like a never-ending punishment.**

It captures the **never-ending struggle of the strong ones,** the ones who keep getting up, keep showing up, keep fighting, because they **have no other choice.**

But even the strongest warriors wonder—**when will life stop asking for more?**

This poem is for those who have been through **hell and back, and then back again.**

For the ones who have held everything together when they were falling apart.

For the ones who never had the luxury of saying, *"I can't take it anymore."*

It's a gut-wrenching cry, but also a **testament to power**—because no matter how much more the world throws...

We always take it. And we always survive.

The One in the Mirror

Hey!

You!

Come **closer.**

When was the last time you **really** looked at yourself in the mirror?

When was the last time you said, **"Hey, you're beautiful"?**

When was the last time you closed your eyes and **acknowledged**—how **divine?**

Because you are **phenomenal.**

You are **God's gift** to the universe.

No, you are **not a myth.**

You are **worthy.**

And you **deserve** all the glory.

Listen to me good and hear me well—

This **isn't** a poem.

It **doesn't** need to rhyme.

I just need you to **understand me.**

Say it with me—**say it out loud:**

"I AM WORTHY."

Yes, you **are.**

You are **worthy** of everything great that life has to offer.

But first,

You must **ASK,**

You must **BELIEVE,**

And be ready to **RECEIVE.**

Never think **less** of yourself.

You are **one.**

The **only one.**

The **ORI-GINAL.**

Of the **7.9 billion** people on earth,

There is **none like you.**

Take a look in the mirror—

There is **only you** staring back at you.

So yes, tell yourself:

I am beautiful.

I am strong.

I have a purpose.

And I will be—whatever I want to be.

I will be **queens and kings** and reign supreme.

You **don't** need to be like me—

Heck,

You **don't** even need to like me.

But you **will** respect me.

It **doesn't matter** the color of my skin,

I am **no less.**

We **all** ain't shit, and we **all** make mess.

So **how dare you**

Try to take a **gem** from my crown,

When you don't even know **why I frown?**

You want to **lift me up,**

But then **knock me down?**

Pick your fight and choose your battles well.

The **only** thing you should worry about—

Is making your **own head swell.**

So **stand up,** look in your mirror, and **speak up.**

I am...

Proclaim your **prophecy.**

Love the person you see.

And if you don't—

Work on the person you want to be.

Most importantly,

Love the one in the mirror...

And love **who you are meant to be.**

Behind the Words: The One in the Mirror

This piece is a **mirror pep talk—literally.** It's about **self-worth, self-affirmation, and owning your uniqueness.** The words push the reader to recognize their value, their strength, and their irreplaceable presence in the world. It's a lesson in **self-love, confidence, and stepping into one's divine identity.**

Above My Head

I **don't ask** to feel this way.

I **tried** to run away.

I moved to a **whole different state**—

From the **East Coast to the Midwest.**

I try my best to **forget.**

I cry, I joke, I laugh—

To **hide** the pains of the past.

And yet, here I am, **haunted.**

Tis that time, after all—just shy of fourteen days.

If only the **monsters above my head**

Would **fall silent, sound dead…**

My **anxiety** wouldn't be flashing **red.**

I close my eyes,

I hear them—**loud.**

Arguing. Tumbling. Crying. **Fighting?**

Should I call the **5-O?**

I **shouldn't be nosey.**

But **what do I do?**

I want to go **knock on the door**

And tell them to **"keep it down."**

But I also want to knock and tell the **girl,**

"I have your back.

Just call, and I will bring the pack."

I **hate** to hear this—it brings back **memories.**

All over again, I feel **helpless.**

Not because of my **anxiety,**

But because a **soul is crying.**

The little ones' **souls are dying.**

I am **crippled in fear, thinking…**

It's none of my business.

I can't do a **damn thing.**

Music up **LOUD**—

Let's sing.

Behind the Words: Above My Head

This poem captures the **weight of trauma, helplessness, and anxiety.** The sound of **violence and pain from above** triggers old wounds, forcing the speaker to relive memories they'd rather forget. It explores the inner conflict of **whether to act or stay silent, whether to protect oneself or intervene.** It's a moment where **past and present collide,** and the only escape is through music.

I Am Not a HO

I **know** what you think.

You think you are **high and mighty,**

That you're **better than everybody.**

I think I'm just an **ordinary girl**

Who is simply **phenomenal.**

I do **not** limit myself to anyone's expectations.

People's **opinions** are for them to have.

You think I make the **wrong choices**

Because you are **sitting out, looking in.**

You think you could **always do a better job**

With **my life** than me.

I think I'm **living my best life,**

Learning from my **mistakes** as I go along.

I live by the motto:

Live. Love. Laugh. Learn.

So should you.

I believe, **"I am every woman."**

I am the **epitome of buxom.**

I **breathe life** to the dead

While **turning heads.**

I **advise** and almost always **compromise.**

I **stand for justice,** no matter the crime,

And I **walk away** if it's a bad **paradigm.**

You think I'm **too bold, too fierce.**

But why **fit in** when I was told to **stand out?**

It's not as if I'm being **arrogant or loud.**

I know what I want.

I like what I like.

Not because I **admire a girl** should I be called a **dyke.**

Because I like **different flavors,** should I be **different?**

I **relish diversification.**

I seek **fun and adventure.**

Sometimes, it may even turn out to be a **dangerous venture.**

Should I **hide my face** and run away?

Or should I **hold my head high** and take it in stride?

Others may **sit, mope, and cry.**

I will **get up, roam, and survive—**

With **tears in my eyes**

And **victory in my mind.**

So don't **judge me.**

I know my **who's** from my **how's.**

I am **a lot of things.**

But I am **not a 'Ho.'**

If anything—

I'm a **Harmonic Oscillator.**

Behind the Words: I Am Not a HO

This poem is a **bold rejection of judgment, labels, and stereotypes.** It's about **owning who you are, refusing to be confined by society's expectations, and living unapologetically.** The message is clear: **confidence is not arrogance, exploration is not recklessness, and being different is not a flaw.** The final line, **"If anything, I'm a Harmonic Oscillator,"** is a clever reminder that **life is about rhythm, movement, and balance—not conforming to rigid definitions.**

I AM NOT A VICTIM: "The Mantra"

EVERYONE wants you to be a **VICTIM**.

But **NO ONE** wants to believe that you **are** a **VICTIM**.

It's okay to **be a VICTIM,**

But never remain a **VICTIM.**

Because once you **accept** that you are a **VICTIM,**

You will **become** a real **VICTIM.**

And always be a **VICTIM.**

DON'T BE A VICTIM—

Be a **VICTOR!**

Behind the Words: I AM NOT A VICTIM: The Mantra

This poem challenges the **contradictions of society's perception of victimhood.** People expect others to suffer, yet they **refuse to acknowledge their pain.** But the deeper message is about **mindset—remaining in the role of the victim only strengthens it.** The final line, "**DON'T BE A VICTIM—Be a VICTOR!**" is a call to **break free, rise above, and reclaim power.**

I AM NOT A VICTIM: "The Journey"

Everybody **wants** you to be a **victim,**

But nobody **wants** to believe you **are** one.

It's okay to be a **victim—**

Just don't **remain** a **victim.**

Because once you **believe** you are a **victim,**

You will **become** a **victim of your circumstances.**

If admitting you are a **victim**

Will get you to the **next level,**

Then by all means, be that **victim.**

But **never** trash a **victim**

Just because you believe you'll **never be one.**

Anyone can be a **victim—**

No one ever **chooses** to be a **victim.**

Victims are **born,** some are **raised,**

And some even **die** still being a **victim.**

Being a **victim** is nothing to be **ashamed of.**

It is something that is **heard of.**

But it is something you should **never be proud of.**

What you **can** be proud of

Is the day you **reclaim your life.**

You will no longer say, "I am a victim."

Instead, you will say, "I used to be a victim."

So do what you **must** to **rebuild your foundation.**

Find your **self-gratification**

On your **road to recovery.**

Remember:

It's not **how many times** you fall,

But **how many times** you rise.

Your **worth** is not defined

By your **circumstances**

Nor the **assholes**

Who forgot to sing you **praises.**

So **never** let yourself be **hated.**

Don't be a victim... be a VICTOR!

Behind the Words: I AM NOT A VICTIM: The Journey

This piece is a **reality check** on what it means to **experience victimhood** and how to move past it. It highlights the **contradictions in how society treats victims**—expecting them to suffer in silence while refusing to acknowledge their pain. The poem reminds us that while **being a victim isn't a choice, staying one is.** The final message is a **declaration of**

strength: Your worth is not defined by your past, your struggles, or anyone who failed to recognize your power.

What It Is and What It Is Not

It's **not** about how many times I've **fallen,**

But how many times I actually **got up.**

It's **not** the mistakes I've **made,**

But the lessons I have **learned.**

It's **not** the trials I went **through** that matter,

But the triumphs I will **rejoice over.**

It's **not** about the number of times my heart has been **broken,**

But how many times I have **pieced it back together.**

It's **not** about the attempts I **made and failed,**

But the fact that I even **tried.**

It's **not** about the failures I have **had in life,**

But the soulful experiences I have **gained.**

It's **certainly not** about the **grand gestures** and ha-ha moments,

But the simple **oh... gestures.**

It's **not** about the people I have **lost along the way,**

But the meaningful relationships I have **built.**

It's **not** about the selfies or the pictures,

It's really about the **moments that will last a lifetime.**

Behind the Words: What It Is and What It Is Not

This poem is a **reframing of life's experiences,** shifting the focus from **pain to perseverance, from loss to lessons, from failure to growth.** It challenges the reader to **redefine success, love, and memories—not by the struggles they endured, but by the strength they gained.** The beauty of this piece is in its *simplicity and universal truth—* it's a reminder to **cherish what truly matters.**

The Ceiling Meets the Floor

Make it stop.

The **body hauling, the feet walking.**

All the **trampling**—

Sounding like a **beating drum.**

Thud! Thud! Thud!

The **crying** and the **wailing.**

The **shouting** and the **screaming.**

The **running** and the **jumping.**

Ooh, my **head is crumbling.**

It **never stops.**

It **creaks.**

It **squeaks.**

It **wreaks**—

Havoc in my **soul.**

Straight to my **sole.**

Shoot me now before I grow **bitter and cold.**

What is that?

Sounds like **marbles rolling,**

Horses galloping,

A **hip and a hopping?**

See-saw—

This is no **hee-ha!**

I need a **fajah** to **contour** the sounds in my ears.

P-l-e-a-s-e, make it stop!

Behind the Words: The Ceiling Meets the Floor

This poem is an **explosion of sensory overload.** The sounds **invade the mind,** creating a relentless, inescapable rhythm. The repetition, the pounding, the feeling of **being trapped in noise** mirrors **anxiety, frustration, and helplessness.** The poem escalates—just like an unbearable noise does—until the final desperate plea: **"Make it stop!"** It's not just about sound—it's about the **mental exhaustion of never finding silence.**

I Want You, But Then I Don't

Thoughts of you **plague my mind**—

Rummaging, just like a **madman** on a food scavenger hunt.

I try so hard to **rationalize your reasoning**—

And I **understand it**, but...

I still want to be **selfish.**

Selfish because I **love you.**

I **want you.**

I **need you.**

I know I **don't need you,**

But that doesn't excuse the way I **feel for you.**

I **envision** us together.

I **daydream** about us.

Every hour of the day I am awake, **I think of you.**

What is my **obsession?**

The way I feel **when I'm with you.**

The way I **laugh,** like everything is new.

The way you **hold me** in your arms.

The way I **crave** just to have you around.

It's as if you've **cast a spell on me.**

'Cause though I **see why we aren't meant to be,**

I can still see **all the reasons why we should be.**

Sometimes, I get it.

Sometimes, I **don't.**

Why do you choose to **distance me?**

It **fucks with my head.**

Makes me feel **blue,**

But mostly **red.**

All or nothing, I always say.

And now, I learn you are the **same.**

You want **all of me,**

But you **prefer to be without me.**

Because the thought of **losing me hurts?**

I'm not sure if it's **ego or emotions.**

Either way, I **try to understand.**

I just wish you could **see my hand.**

With you, I **formed a bond.**

And now, with each passing day,

I feel like from that bond,

I lose a strand.

I go to sleep with the **thought of you** inside my head.

I wake up, hoping to feel **better.**

Instead, I feel **worse.**

It's a **new day** to take charge,

To manifest a **new destiny**—

One that **doesn't involve you.**

It's a **new day** to remind myself

How **strong** I am,

To **laugh and carry on.**

Instead, I am drawn **right back**

To this **sad, depressing, cold wetness.**

Tears I cry, **uncontrollably,**

Because I **cannot stop them from forming.**

I cry **because I want you**—

But I am not sure if **I should be with you.**

Behind the Words: I Want You, But Then I Don't

This poem is a **battle between heart and logic.** It's about **wanting someone so deeply** while knowing they may not be **what's best.** The inner conflict is real—**the craving, the memories, the emotional rollercoaster.** The shift from **daydreaming to reality** is gut-wrenching, showing how love can **consume and confuse.** The final lines reflect the hardest truth: **sometimes, love isn't enough.**

So, I Cry

I cry because I **believed you**

When you said we would be together **no matter what.**

I cry because I **made myself believe you.**

I cry because I **allowed myself** to be disappointed—**one more time.**

I cry because I'm **holding myself back**

From treating you **the way I feel you're treating me.**

I cry because the **more time passes** between us,

The more **bitter** I get—

And yet,

I cry because I **now ponder** if I really want to be with you after this.

But still—

I cry because I **fucking love you.**

And I **miss you.**

You said we could still be cool—

But you lied.

You said you wouldn't be mean—

But you lied.

You said you loved me—

But you lied.

You said you had my back—

But you lied.

You said you believed me—

But you lied.

You said you wouldn't disappoint me—

But you lied.

You said you understood—

But you lied.

You said you could handle me—

But you lied.

You said you would be here for me—

But you lied.

You said you were my friend—

About that, you lied.

You said we made a great team—

But you lied.

You said you wanted **"the whole me"**—

But then, **you left me.**

You **definitely lied.**

And for all those reasons—

I cried.

Behind the Words: So, I Cry

This poem is **raw heartbreak, betrayal, and disappointment laid bare.** It captures the **cycle of believing, hoping, and being let down** over and over again. The **repetition of "But you lied"** creates a **rhythmic intensity,** building up the **pain and frustration** with every line. The shift from **questioning emotions to realizing deception** is powerful—the reader can **feel the weight of broken trust.** The ending? **Simple, but devastating.**

A Mom Is Born!

When a woman becomes a **mother,**

She becomes **intuitive.**

She always has a **will** and a **motive.**

She will **try** and she will **cry,**

Sometimes, she will even **pry.**

When a woman becomes a **mom,**

Her **whole world changes.**

She either changes for **better or worse.**

Most times, it is **better**—

Because the moment she holds her **precious cub,**

Her **entire being** becomes a **protective hub.**

She will **rage fire** and **cross all wires**

Just to make sure the one who saw her **heart**

Never **tears it apart.**

She will **give** until there is **nothing left.**

For like a **tree,** she will shed **all her leaves**

And stand in the **cold**

To protect her **cub** from harm.

She will **try,**

But everything goes out at **curfew.**

Don't anyone **dare threaten** or act **too new.**

For when they **sleep,**

There she is, **looking down**

At what she **created**—

And then she **falls in love**

All over again.

Behind the Words: A Mom Is Born!

This poem beautifully captures the **instant transformation of a woman into a mother.** It highlights the **instincts, sacrifices, and fierce love** that come with motherhood. The imagery of a **tree shedding its leaves** and standing in the cold is **powerful**—a mother will **give everything, even at her own expense, to protect her child.** The final lines bring it full circle—**no matter how hard motherhood is, love always wins.**

Motherhood

Motherhood is such a **blessing**—

And yet, it is a **curse.**

Your motherly duties are **NEVER** dispersed.

Seven days a week, **no days off.**

All seasons long,

You have to **show up strong.**

This is truly a **"till death do us part."**

Your actions **should not,**

But they always come from the **heart.**

No matter how you **try,**

You **cannot deny**—

Because **'tis the only forever** you will ever know.

Stuck together like crazy glue,

A mother and child are **well-defined.**

It is indeed amazing

How you **create a life**—

One that could bring you **happiness, mystery, and strife.**

Some are **thrilled,** while some are **willed.**

Some **try to sow,** but it is always a **woe.**

Be not discouraged if you are **unable to bear,**

Because **motherhood, sadly, isn't for everyone, my dear.**

It may seem like a **curse,**

But **count your blessings.**

Continue to **share your love** for the ones who have sinned.

They may **look** like a mother,

But some are **not, deep within.**

Birthing a child does not **make you a mother.**

It is the **nurturing care and love** you flourish in another.

Motherhood—

It is a feeling like **no other.**

Behind the Words: Motherhood

This poem speaks to the **duality of motherhood**—it is both **a gift and an eternal responsibility.** The weight of being a mother is **inescapable, relentless, and deeply personal.** It also acknowledges that **motherhood isn't just about giving birth—it's about giving love.** The final lines deliver a **profound truth**: being a mother is **not just biological—it's emotional, spiritual, and lifelong.**

When My Baby Cries, My Heart Dies

This is the **second time** I've realized—

She cries for **someone else,**

And there are **real tears** in her eyes.

It **hurts me** so badly,

That I want to **cry.**

It burns like a **black hole,**

Way **deep down** into my soul—

And a **little part of my heart dies.**

Not because she cries **after someone else,**

But because she is **suffering from a breakup**

I am **dealing.**

One more time,

She is **losing someone** she **believes in.**

Like a **true photographer,**

I can see **all the elements** of this picture.

It's not **beautiful**—

It's a **potential disaster.**

The **space** is confined

Because she **got attached.**

Lines have been drawn

That won't **retract.**

Although she is **young,**

Her **emotional psyche** is in form.

Hence, as expected,

She is **distraught.**

The **repetition** of the **in and out,**

The **I cannot commit—**

So I must be **cautious**

With **whom gets exposed** to our **wit.**

I hope my **poor choices**

In **human character**

Don't shape her **future.**

It's **bad enough**

Not **growing up with a father**

She **bawls.**

My **heart aches.**

This is **devastating.**

It makes me want to **call and yell at him.**

I wasn't aware an **unstable, emotional child**

Is what we would **raise.**

Yes, **we.**

I wasn't supposed to do this **alone.**

You just wanted to **make excuses**

And be a **clown.**

Children need **both parents,**

Especially a **girl.**

She needs to feel **safe, secure, and sound.**

Look at her,

Just **sitting there,**

Not **needing my affection,**

So I just **stare.**

She wants this person she **cries for,**

Watching his **every move**

Every time he **goes through the door.**

She **cries and calls.**

This is just **too much to watch.**

Heartbreaking.

It's indeed **challenging and rough.**

I hate for her to **see me cry,**

But I **can't help myself.**

And I **cannot hide.**

She **looks into my eyes**

As if she **understands.**

I **hug her,**

And she **hugs me back.**

With **confirmation and assurance,**

I promise her—

This is **not the life**

I **intended** for her.

And I will make it **better** for us,

No matter how **tough.**

I will.

I have to.

I **kiss her face.**

She falls **asleep,**

So peaceful and full of **grace.**

Behind the Words: When My Baby Cries, My Heart Dies

This poem is **pain in its purest form—the heartbreak of a mother witnessing her child suffer from the same losses she is trying to heal from.** It speaks to **guilt, regret, and the deep responsibility of being a single mother.** The most **crushing** part is the child's **attachment to someone who leaves,** forcing the mother to watch her **baby grieve a loss she couldn't prevent.**

The **contrast between the child's cries and the mother's silent suffering** is gut-wrenching. The ending offers **hope, a promise, a vow**—because no matter how painful the present is, **a mother's love is unshakable.**

In Love, Over and Over Again

It happens **over and over again.**

A moment, a glance, and I **fall in love** all over.

I look at her **tiny hands**

And see the same **baby** I once held.

Just like when she sleeps—

So peaceful, so innocent.

I kiss her forehead,

Trace my fingers through her hair,

And whisper soft affirmations **into her ears:**

"You are the best."

"You are smart."

"You are kind, powerful, and loved."

"You will always be enough."

She stirs, half-smiles,

And my **heart melts into pure joy.**

She is the **only person**

Who makes me giggle from **ear to ear.**

The one who reads me like a book,

Knows just **what to say**

To make my **head swell with pride.**

But best believe,

She would also **follow me to hell and back**

If ever I needed her to.

Just writing these thoughts

Makes my **heart flutter.**

Like **butterflies—**

Free, soaring, high, we fly.

Oh yes, **thoughts of her...**

Are my sweetest love story.

Behind the Words: In Love, Over and Over Again

This poem captures **a mother's endless love**—the kind that never fades, never grows old.

It's about **seeing your child, even as they grow, and still feeling the same rush of love as the first day.** The affirmations whispered in the night? They are **not just words**—they are **promises.** And that last line?

Pure magic.

That's My Baby!

Sitting from above,

Looking at her **below,**

Sprawled out **on the floor.**

"Are you going to present?"

"Because I think you're sharing, but I can't see."

"Headphones are getting big."

"Maybe your head is shrinking."

She looks at me,

Her **quizzical, innocent face**

Plastered with a **smile.**

"I think you're right!"

"I think it actually is shrinking!"

She giggles.

"See, I told you!"

I laugh.

Because in this moment,

Her **world is simple.**

Her **joy is pure.**

And my **heart is full.**

But see, maybe **my head did shrink.**

Maybe it's not that the headphones got bigger—

But that **she is growing.**

Her once tiny hands

Now reach higher.

Her once small steps

Now move faster.

And her strands—

Once **tight little curls,**

Now fall a little longer,

A little stronger.

Time moves too fast.

One day, I'll **blink,**

And she'll be grown.

But in **this moment,**

With her giggles filling the room,

She is still **my baby.**

And **I'm holding on.**

Behind the Words: That's My Baby!

This poem is **a heartfelt reflection on the fleeting nature of childhood.**

It begins **playful and lighthearted,** capturing a silly conversation between a parent and child. But by the end, it transforms into **a deeper realization**—that children grow, and time never slows down.

The "shrinking head" is **a metaphor for change**— not in size, but in perspective. The child is getting **bigger, wiser, older,** while the parent is **trying to hold on to the little moments.**

The last line is **a silent promise**—

To cherish these moments **before they slip away.**

Generations of Motherhood

Being a mother

Made me respect my mother.

Made me **see** her.

Not just as "Mom,"

But as a **woman**—

A person who had dreams before me,

A life before I existed.

I never understood her sacrifices

Until I made my own.

I never grasped her patience

Until I felt my own tested.

I never saw her exhaustion

Until I carried my own.

And now, I wonder—

How did she do it?

How did she survive

The sleepless nights,

The worries she never voiced,

The days she went without

So I could have enough?

Did she ever break down in the shower,

Like I do?

Did she ever sit in silence,

Overwhelmed, but holding it in,

Because who else was going to do it?

Did she ever feel like she wasn't enough,

Even though she was everything?

Now, I understand.

Now, I see her strength—

Not just in what she did for me,

But in what she **endured.**

And now, I pass that strength down.

To my own child,

Who will one day look at me

The way I now look at my mother—

With gratitude,

With admiration,

With **a deeper love than words can hold.**

Motherhood isn't just a role.

It's a lineage.

A cycle of **love, sacrifice, and resilience**

That stretches through generations—

Each mother carrying the weight,

So her child can stand tall.

One day, my child will see me

The way I now see my mother.

And in that moment,

The cycle will continue—

Another generation of motherhood, honored.

Behind the Words: Generations of Motherhood

Motherhood is more than a **title**—it's an **inheritance.**

This poem reflects that **moment of realization**—when you become a mother and finally **understand** all that your mother went through.

It's a journey of **sacrifice, strength, and love that runs deep**—a bond passed from generation to generation.

It acknowledges the **unseen struggles** that mothers endure, the silent battles, and the **endless giving** that is often only truly appreciated when the cycle repeats.

For every mother who has ever asked, *"How did she do it?"*—this poem is the answer.

To the Mothers Who Struggle in Silence

To the mother who wakes up tired,

But still gets up.

To the one who smiles for her child,

Even when her heart is breaking inside.

To the mother who gives,

Even when she feels empty.

Who carries the weight of the world,

But still sings lullabies at night.

I see you.

I feel you.

I know the exhaustion that sleep can't fix,

The loneliness in a crowded room,

The silent tears cried behind closed doors.

But hear me—**you are not alone.**

You are more than the weight you carry.

More than the guilt that whispers,

More than the doubts that creep in.

Your love is enough.

Your presence is enough.

Even on the days you feel like you're failing—

Your child sees a warrior.

So when the darkness comes,

Hold on to the light inside you.

Even if it flickers, even if it dims,

It has never gone out.

You are strong.

You are needed.

You are loved.

And you, mama,

Are never alone.

Behind the Words: To the Mothers Who Struggle in Silence

This poem is for the mothers battling **depression, exhaustion, and self-doubt.**

It speaks to:

The silent struggles of motherhood.

The strength in showing up, even when it's hard.

The reminder that they are enough, always.

The Struggles of Being a Single Mother

They say a mother's love is endless,

But no one talks about how draining it can be

When you're the only one giving it.

They praise the strength of single mothers,

But strength wasn't a choice—

It was a necessity, a survival instinct,

A crown I didn't ask to wear.

I play every role.

The nurturer, the provider, the protector.

The one who wipes the tears,

And the one who hides her own.

There's no one to tag in,

No one to pick up where I leave off.

No backup, no breaks, no relief—

Just me, always on duty.

Bills don't care if I'm exhausted.

The world doesn't pause when I feel like breaking.

There are mouths to feed, lessons to teach,

A future to build with hands that never stop working.

And yet, somehow, I do it.

Even when I'm tired.

Even when the weight of it all makes my knees buckle.

Even when I feel invisible, unheard, unseen.

Because at the end of the day,

When tiny arms wrap around me,

When a small voice says, *"I love you, Mommy,"*

I remember—**I am not just one person.**

I am the village. I am the foundation.

I am the reason my child believes in love, in strength, in possibility.

And for that, I will keep going.

Behind the Words: The Struggles of Being a Single Mother

Being a single mother is **a battle fought in silence.** It is **constant motion, constant giving,** and rarely receiving.

This poem captures the **unseen sacrifices**, the exhaustion, the moments where **strength is the only option.**

But more than that, it highlights **the resilience of a mother**, the way she carries the weight of the world—**not because she wants to, but because she has to.**

At the core, this poem is about **love.**

The kind that makes the struggle worth it. The kind that keeps her going.

Missing Father

I grew up waiting,

For a voice that never called my name.

For footsteps that never echoed through my home.

For a father—

Who was more ghost than man.

I learned to **fill in the blanks**

With stories I told myself.

Maybe he was busy.

Maybe he cared, but just didn't know how.

Maybe I wasn't enough to make him stay.

I carried that emptiness,

Like a question no one could answer.

Like a wound that healed over,

But never truly **closed.**

Then, I had a child.

A beautiful, innocent child

Who deserved the **love I longed for.**

Who deserved **more.**

And yet, history repeated itself—

The father absent,

The void passed down.

I watched my daughter's eyes search for something

That I knew too well.

And my heart shattered

Every time she asked,

"Where is he?"

"Why doesn't he come?"

How do you explain to a child

What you never understood yourself?

How do you answer questions

That **burned in your own chest for years?**

I hold her tight,

Kiss her face,

And promise her,

"You are enough. It was never about you."

And in those moments,

I heal a little.

Because the love I **didn't receive,**

I now pour into her.

Because the father I **never had,**

I refuse to let it define me.

I may have grown up missing a father,

But my child will never grow up

Missing **love.**

Behind the Words: Missing Father

This poem speaks to the **generational pain** of growing up fatherless, only to have a child and see that absence **repeat.**

It reflects the struggle of **explaining the unexplainable**—answering a child's innocent questions when you **still don't have the answers yourself.**

But at its heart, this poem is about **breaking cycles.**

It's about taking the love you never received

And **giving it anyway.**

Because absence may leave scars,

But love—**real, unconditional love**—heals them.

The RAGE in Me

1, 2, 3,

Aaaaargh!!

I **despise** the motherfucker!

I get the feeling he **isn't fond of me either**—but **why?**

What the **fuck** have I done?

What did I **not** do?

All I do is **try my best** to stay above.

And yet, he has created an **atmosphere**

That makes me feel as **miserable and obnoxious** as he looks.

First, he told me he had **no accommodation for my illness.**

Then, he tried to be **nice** when I **checked his ass—baseless.**

Next, he wants to **use my work as a showcase**

Without my name.

Trying to **take my fame?**

He **empathized** with me—

And then threw **dirt in my face.**

"It would have been great for you to be in class."

Didn't we pass this, or did I **miss that?**

I **smiled.**

"You are right."

It **won't** happen again.

I **learned my lesson.**

I **turn my game up,**

One more **A** in my cup.

Discombobulated much?

Now, he gives me a **fucking "F."**

An "F" because my work is **too polished** and doesn't **sound like me?**

Who am I—**do you know me?**

An "F" because I used a reference **he used in class?**

An "F" because **what?!**

I didn't know he **knew me so well**

To know all the **shit** I am **capable of.**

I didn't know he knew I have **21 bitches in my head,**

And they all have their own **identity.**

I didn't know he was **fucking entitled**

To all the **references** on the **fucking internet.**

And I **certainly didn't know**

I was limited to a **stereotypical box.**

A box so **small,**

I'm not allowed to **grow.**

My mind is not supposed to **stretch beyond normal capacity.**

What a **tragedy.**

Sexist, racist, or prejudiced— I don't care.

This is what **discrimination** looks like.

This is what **discrimination** feels like.

4...... 5....6,7

Oh, how dare him?

"Too word order (comma) language used."

Oh, **hear ye.**

Intimidated much?

I'm only a **little Black girl without a voice.**

The only thing he **didn't know—**

This Black girl has **courage.**

Her voice will **roar** and **move mountains,**

Open doors, and **take opportunities—** full force.

Her voice moved **politicians,**

Her voice moved **courtrooms,**

Her voice **shut down businesses.**

He must have thought I was a **typical little innocent schoolgirl**

Without **life experiences.**

Ha!

I won't just **sit coy.**

I **bark,** but I will also **bite.**

Yes, I **bite** because someone needs to **see the light.**

Fair is fair.

Right is right.

Equal justice for all humanity, Black or White.

8, 9, 10—breathe deep.

I need to **calm this rage in me.**

Behind the Words: The RAGE in Me

This poem is a **slow-burning eruption,** climbing **from frustration to full-blown defiance.** The **numbering** is **genius**—it makes the anger **tangible, step by step, like a countdown to an explosion.** Each number marks a new **level of injustice, insult, and resistance.**

But the **true power** of this poem is that it's **not just rage—it's transformation.** The professor thought he was **silencing her, diminishing her.** Instead, he **awakened a force that he didn't know moved mountains, opened doors, and shut down business.** The final **"breathe deep"** isn't submission—it's **reloading.**

How Dare He???

The audacity.

We could

Take him for a little ride,

You know—

A looooooooooooooooooong,

Slow,

Silent,

Pitch-black night.

Dreary music—

Too low to make out every word,

But just loud enough

To feel the weight of the lyrics.

What would he think?

Ku Klux Klan? **Burning crosses, white hoods.**

Lobbyists? **Suit, tie, and lies.**

White people? **Entitlement, privilege.**

Russians? **Vodka, spies, KGB.**

Latinas? **Spicy, loud, don't mess with their mama.**

Mexicans? **Cartels, border walls, "No papers?"**

Oh snap.

Black people.

He fucked.

They a different breed.

The music? **Could be scary.**

The sound? **Horror flick shit.**

Halloween. Thriller. Exorcist.

His pants, probably.

We say nothing.

Bumpy road for a run?

We take turns.

Maybe go for a record.

Hooah!

Don't let me beat ya.

The audacity!

Forget slow—

Let's go real fast.

Turns and circles.

Up and down.

Music real loud.

Wet cloth.

Gas it.

Let it burn.

Hold it close.

Cough smoke.

Toss it.

Pass out.

Wake up.

Sun's out.

Morning has broken.

Did it really happen?

Or was it all—

A dream?

Justice.

How dare he?

Behind the Words: How Dare He???

This poem **drips with rage, suspense, and reckoning.**

The slow build pulls the reader into a **hypnotic, eerie atmosphere**, then the **pace explodes** into action. The ambiguity **heightens the tension**—was this a warning, a dream, or a real moment of revenge?

The final word—**"Justice."**—**lands like a gavel.**

Because sometimes,

The only response to **audacity**—

Is **reckoning.**

Dear Roommate

I know we **get along fine.**

You **state your feelings,** and I **state mine.**

There are days I **can't get enough of you,**

But then, there will be days **I won't wish to see you.**

Sometimes, I won't mind **lending you my stuff,**

But let's be honest—

Do you ever think what you have **is enough?**

What's mine is mine,

And **yours is yours.**

Let's try to **keep out of each other's doors.**

If you're **not in dire need,** try **not to borrow,**

Because if **puss come to shove,**

It will only cause **woe and sorrow.**

We share **common spaces,**

But nothing says we need to **always be in each other's faces.**

We both **signed a lease agreement,**

Which means we are both **responsible for our own placement.**

Try your best to **own everything,**

Because taking your responsibility **will never be my kinda thing.**

At some point, it becomes **a burden**

That makes it hard for one person **to cross such hurdles.**

Do not **borrow my money.**

You **can't pay it back,** and it **won't be funny.**

I will respect **your privacy,**

As I wish you to **respect mine**—in good taste.

A **friendship is delicate,**

And should this not work,

I **hate to see it go up in despair.**

Neither of us is **obligated to each other.**

It's really **every man for himself**—

Only we may **look out for each other.**

At any point, if this is **not working out for us,**

Let us **separate and call it just.**

This is **your home as much as mine.**

So let us **live in one divine!**

Your roommate.

Behind the Words: Dear Roommate

This poem is **a letter of boundaries wrapped in politeness.** It captures the **delicate balance of cohabitation—friendship, respect, and personal space.** The tone is **firm yet fair,** setting rules without **turning cold.** It's a reminder that **sharing a space doesn't mean sharing everything.** At the core, it's about **self-respect, responsibility, and the reality that not every roommate dynamic works forever.**

Dear Booty Call,

This is just a **note**

To say how much I **appreciate you**

Just for **who you are.**

We are just **what we are**

And **nothing else.**

A **booty call and a bag of chips**

With all the extra **BS** we do!

I never **get used to you**

Because I always want

What we have to remain **fresh.**

I also **don't wanna get used to you**

So I never get **tired of you.**

You are the **only part of my reality**

That's my **fantasy**—

Yet, you always find a way

To be one of my **only realities.**

Thanks for being

The most **consistent thing** in my life

For the last **several years.**

No matter **where I go**

Or **who I'm with,**

Whenever I call—

You are always **there.**

Well... **most of the time.**

I like how you **"act"**

Like you **don't care,**

When your **actions say something different**

Whenever I'm around.

I even like how you **"act"**

Like you **don't want me**

To care about **you!**

One thing for sure—

If we don't agree on **anything else,**

We can **concur**

That when our **bodies collide,**

Our **souls speak the same language.**

I don't ask **anything of you either.**

But it doesn't mean my mind

Doesn't **venture off**

Into the land of **what-ifs.**

I know what makes us **work**

Is all the little **oddness**

That sums up into **greatness**

When we **touch.**

Sometimes it's **weird,**

But it's **okay.**

I know **exactly** what you have to offer.

It's like you're my **drug,**

And whenever I need a **fix,**

You always give me **the right dosage.**

For all that,

I thank you.

Sincerely,

Not Your Booty Call!

Behind the Words: Dear Booty Call

This poem is **bold, playful, and honest**—a letter to a **situationship that works... kind of.** It's about **consistency in inconsistency, desire without commitment,** and the weird comfort of knowing someone is always "there"—even if it's not in the way you want.

The **"what-ifs"** sneak in, hinting at **a deeper longing** beneath all the casual fun. It's a mix of **gratitude, humor, and unspoken emotions**—because sometimes, even a **booty call** can be more than just **a call.**

Thoughts on a Train

The way he **ignites my neurons** is amazing!

When he touches me, every **cell in my body tingles.**

He kisses me, and my **heart, mind, body, and soul tremble.**

It Feels like **heaven.**

The way he **sucks on my lips**

Feels like a **kid devouring a lollipop.**

He **feeds me with his tongue,** and I'm **in love.**

The way he **swerves and teases** my tongue with his

Makes my **palate hungry for more.**

The **taste of his DNA**

Can be compared to the substance

Of a **sweet caramel latte.**

I take it all in,

Like **bees getting nectar from pollen in spring.**

I'm **turned up,**

Ready to be **blessed with his wonder stick.**

As I rode on the **train,**

I closed my eyes—

The **door to my mind opens wide.**

Thoughts of **fantasy and foreplay**

Are the **streamline of my thoughts.**

I **glide** through my picturesque **mental slideshow,**

Capturing moments of the things **we had done.**

Oh, how they seemed like **pure fun!**

I saw **me on top of him,**

Him on top of **me,**

We **traded places,**

He was **behind me**—

And all at the same time, **inside of me.**

I let out a **slight moan.**

I caught myself.

I remembered—**people were around.**

But I **didn't even care** if they frowned.

My **cheesy pearlies shine** from **ear to ear.**

Oh hell, if only they **knew** the thoughts inside my head...

They would be **smiling too!**

Crazy? Maybe.

But for a **good reason**—

And **reason enough to be crazy!**

I closed my eyes again.

This time, I'm at the **door,**

Waiting eagerly in **anticipation**

For the **satisfaction**

That was about to hit my **nation**—

And possibly the start of another **generation.**

Not!

There was a **burning sensation.**

A fire burning so **hot,**

It was taking over my **whole being.**

Oooh, all I wanted to do

Was **flee into his arms**

And **hug him so tight**

With all my **might.**

Click! Click!

Door **opened!!**

Did I say **hug tight?!**

Forget that—

I was ready to be **licked**

And **dickety split**—

Or it would be a **fight!**

I walked past, then turned around

As he **closed the door.**

Bam!

Naked I stand—

Ready for what's in my **mind**

To be at **hand.**

Trackle, throttle, rattle, whistle…

Slow—then slower—

An **abrupt end.**

The train comes to a **stop.**

Behind the Words: Thoughts on a Train

This poem is **seduction, fantasy, and raw desire wrapped in motion.** The train serves as **both setting and metaphor**, mimicking the **building anticipation, acceleration, and abrupt halt** of passion. The intensity grows with each line, moving from **thoughts to vivid memories to reality.** The playful, cheeky tone makes it even **more tantalizing**, keeping the reader riding the same mental track—right up until the sudden **jolt back to reality.**

Sex, Lies, and Wishful Thinking

We **lay in bed** to cuddle,

Right next to our **sex puddle.**

The **stench** in the air

Is filled with a mixture of our

Sweat-odor-love-juice potion.

The **waves of emotions**

Were enough to carry us to **the ocean.**

We both went in **deeply** for the taking.

He **rolls over** on his stomach,

After **kissing me once more.**

He tells me he **loves me.**

My face wears an **afterglow**

That can be seen **shining bright**

Even in the **dark.**

A **satisfied woman** indeed.

Before, I had a **slideshow.**

Now, I have a **real video.**

Genius, am I not?

Between you and me,

I think that's **hot.**

CARPENDIUM

Let's **replay the highlights, shall we?**

Pour a drink, dim the lights,

Cue the music—

Let's take **flight.**

As soon as the **door closed,**

Our tongues were doing

The **tango dance**

To the music of **passion,**

Only **heard by us.**

We **lip-locked,**

Let our **tongues clash**

As we exchanged

Bits by bits of **saliva and food pieces.**

Gosh, I've been **dreaming** about this—

And it was **really happening.**

We **hastily** ripped off each other's garments.

I **wish** I could just **save myself** for him,

And I **feel like I could.**

Probably for **eternity.**

The only problem?

It's a **double standard.**

The **hypocrisy** of me wanting him,

Yet wanting him to be **truly happy**—

Even if that means **not with me.**

I lurk in the **shadows,**

With wishful thoughts

Of him **being with me—truly.**

Then again…

Who said his **happiness**

Is really with **someone else,**

And not **me?**

Just because things are happening

In **reverse order**

Doesn't mean it's not **how it's supposed to be.**

The **things we tell ourselves**

When we **want to be happy.**

What if this is all

A **bittersweet romantic prodigy?**

Hmm… I wonder.

On the **flip side of the coin,**

It's bad.

I'm **setting myself up to be hurt.**

Yes, I knew **damn well**

What I was getting into,

But there's **no telling**

What would happen.

It's all **shits and giggles**

Until someone **giggles and shits—**

Feelings.

We only meant to **have fun**

And **escape our tragedies.**

Now, we have **fallen** into each other

In the **weirdest, most unorthodox manner.**

Then again, call it **shit happens.**

Either he's a **beautiful liar**

Or a **helluva actor.**

But I do believe he really does

Love the hell out of me,

Like he always says.

It's not even just the **words** that grab me.

Though, I must admit,

This man **Joe** has a **way with me.**

His tongue is **intellectually divine.**

My **cheeks stay blushed**

From **smiling so much,**

All **glowing, turning red.**

His actions are **on point.**

His tongue is definitely

An **intended pun!**

It's funny how **fate**

Dealt us these cards.

Both **other's lovers,**

And yet, here we are

Playing **hearts of hearts.**

The thought of **needing someone**

So bad

That they are **right in your grasp,**

But you **can't have them.**

It's a feeling that can **drive you insane.**

Triggered by **conversations**

With **big Cheerio grins,**

My stomach does all sorts of

Backflips, tricks, and sin.

I don't know what to do.

I feel like I **need to give him a breather**

And **focus on me.**

But it's so damn hard.

Sigh.

Fuck.

I'm done.

It's **too sad.**

Now, I must **go home**

To my **cheating bastard husband.**

Behind the Words: Sex, Lies, and Wishful Thinking

This poem is a desire **tangled in contradiction.** It's the push and pull of **love, lust, and longing**—the blurred line between **passion and self-destruction.** The emotions shift from **intoxicating pleasure** to **unshakable heartbreak.** There's **fantasy, deep connection, and betrayal**—all wrapped in the realization that sometimes, **no matter how much you want someone, fate doesn't deal you the right hand.**

The ending is a **gut punch.** Just as the fantasy reaches its peak, **reality snaps her back.** A cruel reminder: **some stories don't have a happy ending.**

Happy Endings

The worst thing you can do

Is try to **cling to something that is gone**

Or try to **recreate it.**

Someone told me,

"All you're going through right now—

It's really mind over matter."

Is it really?

It feels more like **matters of the heart over the mind.**

My **heart rages** with so much **anger and hurt.**

It's like my **heart is literally pumping out of my chest.**

My **mind believes** it's thinking straight,

But so many **thoughts are oozing around,**

It's ridiculous to think that any of it

Is even **reality.**

I mean—

It **feels damn real,**

But part of me hopes

It's all a **nightmare.**

That I just need to **wake up,**

Realize it,

And it will all be **gone.**

The **scariest part**

Is knowing that **this is reality**

Staring straight in my face.

And there's not a **damn thing**

I can do about it.

Nothing.

But just to **take it all in,**

Call it **what it is,**

And **move past it.**

Hell, haven't I **been down this road before?**

Haven't I been in the **position before**

Where I thought my world was **upside down,**

Where it seem to be **ending?**

Haven't I **walked the road of hurt before?**

So why am I in this **realm of uncertainty,**

Trying to be all **analytical**

About what **was, is,**

And could or should be?

Alas, my dear...

Behind **every dark cloud**

There's a **silver lining.**

Though—

After every **shower of rain,**

There isn't **necessarily a rainbow.**

But with **self-discipline**

And the **right motivation,**

You can create your own **silver lining.**

You can **paint your own rainbows.**

You can create your own little

Happy Endings.

Behind the Words: Happy Endings

This poem is a **battle between pain and acceptance.** It's the moment where you **realize you have no control over heartbreak—only over how you heal.** The **inner struggle between the heart and mind** makes this piece deeply relatable, capturing the **push and pull of emotions after loss.**

But the real **power** comes in the shift—from **helplessness to hope.** The realization that **rainbows don't always appear on their own—sometimes, you have to create them yourself.**

Story of Him and Her

These days, all she could think of

Was how much of an **idiot** she had been.

Why had she **ignored the signs,**

The **red flags,**

The **fine print,**

And the **footnotes?**

She was **angry.**

Furious.

But angry at **whom—herself or him?**

No matter how many times she **played the whole scenario** in her head,

No matter how many times she **tried to come up with answers,**

She was still in a **maze.**

What she **failed to accept,** even though she **knew,**

Was that you **cannot blame yourself**

For people's **shortcomings,**

Nor can you **blame yourself**

For them being **complete assholes.**

No matter how good you are

At **judging people's character,**

At **reading their energy,**

At **picking up a good vibe**—

Every once in a while,

You meet someone **whose game is so turned up**

That even with a **fine-tooth comb**

And a **microscopic lens,**

You **can't pick up the bullshit.**

Everyone, at one point,

Has been a **victim**

Of **class-act relationships gone bad.**

She **knew** she had to **kiss some frogs**

Before she could **kiss a prince.**

But got-damn—**how many knucklehead,**

Good-for-nothing,

Two-timing,

Deceitful pricks

Did she have to go through?!

Didn't she **deserve more?**

She was **questioning herself too much,**

And she **knew it.**

Secretly, she was in **self-denial.**

Not just because he turned out to be **jackshit,**

But because she was **drowning.**

Partly disappointed,

Because he actually **did** seem

To have her **interest in some sort of way.**

Well... **initially.**

And **wholeheartedly disappointed**

Because she **wasn't prepared** for this.

This—

Coming from someone who **always had a backup plan.**

She had **none.**

Because she had **surrounded everything around him.**

Wrong she was

For making **her light go dim.**

Behind the Words: Story of Him and Her

This poem is the **inner monologue of heartbreak, self-reflection, and regret.** It captures the **moment of realization**—when love fades, and all that's left is **questions, anger, and self-blame.** It's **raw, real, and honest,** pulling the reader into that **mental spiral of trying to make sense of it all.** The ending hits **hard**—because it's not just about **losing him,** it's about **losing herself.** And that's the real tragedy

Do you remember

Do you remember **the first time we met?**

The first time you **smiled at me,**

Or even **take a picture with me?**

Do you remember—

The first **laugh we shared,**

The first time you thought **I truly cared,**

Or even when **I thought you did?**

Do you remember...

The first time we kissed...

Where we kissed...

When you were missed...

When you loved...

How you loved...

And put **no one else above...**

Do you remember?

Where we **had sex...**

When you were done, **I was nearly vexed—**

'Cuz it felt **so right** you by my side,

And even **better on the inside.**

Do you remember **our first time—**

Watching the **moon,**

Eating off the **same spoon?**

I hope as **I remember it,** you do too...

Those were **special moments** that brought us together.

Are they **worth trading for another?**

Behind the Words: Do You Remember?

This poem is **nostalgia wrapped in longing.** It questions **love, memories, and whether they still hold meaning.** The soft, rhythmic flow mirrors **the way memories resurface—slow, gentle, yet heavy with emotion.** The final question is powerful: **is the past worth leaving behind, or does it still matter?**

Whether or Not

Whether you **love me or not,**

I'm gonna **love you anyhow.**

Whether you **choose to care or not,**

I'm still going to **care.**

Whether you **wish to talk to me or not,**

I'm going to **talk to you just the same.**

Whether you **feel like being angry or not,**

I'm gonna **make peace with you.**

Whether you **check on me or not,**

I'm going to **do my best**

To even ask **if you are okay.**

Whether you **opt to be around or not,**

Just know that **if ever you call,**

I will **be there.**

Whether you **believe it or not,**

I will always **be there**

If you **need me to be.**

Whether you **think you can or not,**

Believe that you always **have a friend.**

Because whether we **accept it or not,**

Life is short and unpredictable.

Hence, we **cannot stop the inevitable.**

Behind the Words: Whether or Not

This poem is about **unconditional love, friendship, and loyalty.** It's a reminder that **true care doesn't depend on reciprocity**—it exists **regardless of how the other person responds.** The **repetition** strengthens the message, reinforcing the idea that **love, kindness, and presence** aren't about what we get back, but about **who we choose to be.**

The final lines bring it **full circle—life is too short to hold back love.**

Shake It Off

I want to just **shake it off,**

But I **can't.**

I'm in a place where I feel

Confused, frustrated, empty—

Like I **don't belong.**

If only you could **read people's thoughts**

Or if they could just be **honest**

Straight up

About what they **want or need.**

Their **desires.**

I've been through **a lot,**

And yet, it seems **it's not enough.**

Like **I'm not enough.**

What is it that I'm **missing?**

Am I **too desperate** to be in love?

Or to **be loved?**

Why can't there be that **one person**

Who just **gets me?**

Then again...

Maybe there **is** such a person—

But am I looking in **the wrong places?**

At **the wrong people?**

I must admit,

I'm **not the average woman.**

My mind **doesn't work the same.**

Is that the problem?

Should I start **being like every other woman**

And stop **being myself?**

Am I **too honest?**

Behind the Words: Shake It Off

This poem captures **the weight of self-doubt, exhaustion, and longing.** It's a moment of **introspection,** questioning **self-worth, love, and authenticity.** The repetition of **questions** mirrors the spiral of overthinking, making the reader **feel frustration and uncertainty.**

The **real struggle here?** Not just about love, but about whether to **stay true to oneself or change to fit in.** It's raw, relatable, and deeply human.

My truth at the moment

I won't continue **living this lie**

For you,

For your **parents.**

It doesn't feel **right.**

It goes beyond **what I believe in.**

If they weren't **involved in this—**

If I hadn't **spoken to them—**

I would **walk away.**

But I **respect them,**

So I **do care** what they think of me.

It's better I **walk away now**

Than take their things **later on.**

The truth always comes out.

I fell for you **in a moment of weakness.**

Not because you were **extraordinary,**

But because you were a **stranger**

Who showed me **kindness**

When I needed it most.

That moment meant more than you'll ever know.

I didn't know **what you had or could do.**

I still **don't know.**

I'm just **hanging on to hope**

And the **promises you give me.**

Just because I **trusted you.**

Just because I **loved you.**

Even when there have been **reasons for doubt.**

Since you've been around me,

I looked out for you more than you did for me.

But already,

I'm being accused of being here **for your money.**

You **know the truth,**

But you still **listen to the lies.**

I fell for you because you wanted **what I wanted.**

Someone **exclusive.**

Marriage.

Kids.

But even with all that—

You want **someone for yourself,**

You want **what you want—**

But for **your own reasons.**

My **idea of fun** is to be with my man,

To be **for him,**

Not just **because.**

If I wanted a **free life,**

I could **stay by myself**

And be **all the things they say I am.**

And your **so-called "friends"**

Who claim to be looking out for you?

The ones you **entertain?**

Eventually, one of them **will get to you.**

And I wouldn't want you to **disappoint your father.**

You say you **don't entertain them,**

But you **don't understand—**

Just **being on the phone,**

Just **talking to them,**

Even **defending yourself—**

Is **entertaining them.**

I turned my back on my **so-called best friend**

Because she brought me things **you said.**

Whether you **said them or not,**

The **point is—**

You were in **conversation with her**

After I asked you **not to even have her number.**

Your **record showed calls from you to her.**

Those are **facts.**

Not hearsay.

Not opinion.

But I **let her go**

Because she was **hazardous to us.**

I don't need anyone

Feeding me doubts

About the man I say I love.

But you already gave me **reasons to question.**

More than once,

You told me **you don't know what to believe.**

And in the same breath,

You say **you don't care,**

That the **past is the past.**

But I don't need someone

Who will **downplay our relationship**

Because his **friends don't approve of his girl.**

I never had a **good name.**

I never will.

I left the **spotlight**

Because I wanted **peace.**

You can just tell them

I **cheated on you.**

Tell them **whatever you want.**

If that's the story that makes it easier for you,

Then go ahead and **sell it.**

I'm **tired of proving myself.**

I told you before—

When people first meet,

It's **the honeymoon phase.**

But all I've been doing

Is **stressing over one thing or another.**

I **can't deal with it.**

I was already **stressed by myself.**

I have a **child to feed.**

Bills to pay.

Health issues to manage.

And instead of **lightening my load,**

You've just **added more weight.**

Money **isn't everything.**

In **your world, it is.**

Not in mine.

It only **fixes some things,**

And you **haven't learned that yet.**

See,

I've **stood by you.**

I've **sacrificed for you.**

I've **put you before myself.**

All **in the name of love.**

But I **won't fool myself anymore.**

A **filtered mind** is like a **strainer.**

Eventually, **everything seeps through.**

Before I **take anything** from you or your parents,

I prefer to **walk away**

With my **pride**

And my **dignity**—

What's left of it.

I have never been a **gold digger.**

And I won't start now.

You won't have **anything to say about me.**

Well,

I won't give you **anything bad.**

Behind the Words: My Truth at the Moment

This piece is **raw, unfiltered, and full of truth.** It captures **exhaustion, betrayal, sacrifice,** and the realization that love alone isn't enough. The tone is **final—no pleading, no apologies.** Just **facts, reflections, and the decision to walk away with dignity.**

The **pain is layered—** not just from **his actions,** but from the **choices she made in his name.** The final realization? **She gave too much to someone who didn't deserve it.**

This is **not just a breakup letter—it's a declaration of self-worth.**

Re-lay-ship

Do you realize **how much** we put up with?

How much we **slowly sell our souls**

To the people we **claim we love?**

If you **encourage,** you're **pushing!**

You **don't talk,** something is **wrong!**

You **do,** it's **too much!**

You **don't,** you **don't care!**

It's like you can **never win.**

You just **take and take,**

You **give and give**

Until there's **no more left to give.**

Selling **yourself short**

In the name of **love.**

Behind the Words: Re-lay-ship

This poem **breaks down** the contradictions and exhaustion of relationships—**where nothing is ever quite enough.** It captures the **frustration of constantly trying** while feeling like you're always **falling short.**

The **wordplay in the title** suggests relationships are like a **relay race**—passing burdens back and forth, running in circles, never quite reaching the **finish line.**

It's a powerful **truth bomb** about how love, when unbalanced, can **drain instead of fulfill.**

Asking God

Every day, we **ask God for things**—

Whether **abstract or physical.**

We ask Him for things,

And we **expect** them to be granted

Just the way we want

And **when we want.**

At times, we feel as though **He doesn't even hear us**—

Not realizing that God **grants our wishes,**

Just **not in the way we think.**

I've learned—

If you **ask God for patience,**

He doesn't hand it to you **on a platter.**

Instead, He creates a **situation**

For you to **learn how to be patient.**

He never **gives** anyone **courage**—

But provides the **opportunity**

For people to **be courageous.**

We ask God to be **closer to our family or loved ones.**

What does He do?

He **creates havoc,**

Forcing us to **work together.**

I've learned that if I **ask,**

I will **receive.**

But more important to note—

I have learned that I **must contribute**

To my success.

Not just by **asking,**

But with the **right attitude**

And the **right action.**

Instead of asking, "**Why me?**"

Try, "**Why not me?**"

Start asking **the right questions.**

Behind the Words: Asking God

This poem is about **faith, growth, and perspective.** It challenges the way we **view God's answers,** showing that blessings often come **disguised as challenges.** Instead of **instant gratification,** God provides **the tools to earn what we ask for.**

The final lines flip the mindset—**instead of feeling like a victim, embrace the challenge.** Because sometimes, the **struggles we face are the very answers we need.**

Today

Today, I felt **so hurt.**

Hurt because someone **close to my heart**

Was feeling a pain

I could do **nothing about.**

Today, I felt **betrayed.**

How could someone who **loves me**

Leave me **alone in the dark?**

Today, I was **worried sick** to my stomach.

Worried about **all the things**

That could possibly go **wrong**

With the one **I love.**

Today, I felt like my **world collapsed—**

Not knowing it took **simple sentences** like:

"I'm in the emergency room."

Or

"I'm home."

To make me feel **so numb.**

Today, I felt like **I didn't matter**

To the one who **mattered most to me.**

Since he **couldn't dread**

Giving me even a **simple explanation**

To any **light in his life.**

Today, I was **bombarded with emotions**

As **tears ran down my face**

And **thrills shot through my spine.**

The pain that **pierced my legs**

Seemed like it was going **straight to my mind**

As I tried to **think straight.**

Today, I felt **unsure.**

Unsure about the way the person

I cared about most

Felt about **my feelings.**

Does he even **think I care at all?**

It makes me wonder—

Since I am **excluded.**

So after a day of **hurt,**

Feeling **betrayed,**

Worrying my ass off,

And thinking my **world would collapse**

Just because it seemed **I didn't matter—**

Of course, that made my **emotions swell**

And made me feel **so unsure.**

But then—

A **light of hope** lit my skies...

Alas...

A **word**—

Actually, **three**—

Letting me know

There is still a **God.**

It was like the saying:

"Hell a top and hell a bottom,

With hallelujah in the middle."

That's how I felt.

Because as **happy as I was,**

Anger flared inside me.

Knowing I was still

Left in the dark

In a slumber of **emotions.**

Behind the Words: Today

This poem is a **rollercoaster of raw emotions.** It captures **worry, betrayal, helplessness, and the aching need for reassurance.** The shift from **hurt to hope to anger** is powerful—it mirrors the **emotional whiplash** of loving someone who keeps you **in the dark.**

The **repetition of "Today"** makes it feel **immediate and overwhelming**—like the weight of emotions **piling up in real-time.** The final lines **capture the contradiction of relief and frustration**, proving that sometimes, the hardest thing to endure **isn't absence—it's uncertainty.**

Thank You, Africa

Thank you, Africa, for...

Embarking on our land,

Teaching us **how to be a brand.**

You gave us a **hammock**

So we wouldn't have to lay **in the muck.**

You taught us **how to fish**

And even how to **make a delicious dish.**

The **corn and sweet potato** which we love,

And even a **canoe** to keep us **on water above.**

Thank you, Africa, for...

The **rhythms that pulse** in our veins,

The **drums that echo** through our pains.

For the **words and dialects** that shape our tongues,

For the **songs and dances** still being sung.

For the **gold, the spice, the woven art,**

The crafts that show the **depth of heart.**

For the **warriors who fought,**

The queens who **led with grace,**

The stories passed through time

That still **empower our space.**

Thank you, Africa, for...

The **knowledge of herbs** and healing hands,

The wisdom that **built pyramids on desert sands.**

For the **medicine, technology,**

Fishing, agriculture, architecture.

Because of you, our **culture is rich—**

A yaad and abroad!

Behind the Words: Thank You, Africa

This poem is a **tribute to Africa's deep and lasting influence.** It highlights the **legacy of knowledge, strength, and creativity** that still shapes our world today.

The **richness of culture**—from food and agriculture to **music, language, and architecture**—is a **living gift** passed through generations. The **rhythms, crafts, and wisdom** remain woven into the lives of people **across the diaspora.**

This piece **celebrates the resilience and brilliance** of Africa, not just in history but in **how it continues to thrive today.**

Why Does It Always Have to Be About Race?

They ask me that question

Like history isn't still **breathing down my neck.**

Like my skin isn't the first thing they see

Before my words even leave my lips.

"Why does it always have to be about race?"

Like I have a choice.

Like I get to wake up and just **not be Black today.**

Like I get to walk into a room

And not feel the weight of a hundred assumptions

Pressing against my chest.

Like I don't see how

The **resume with the "white-sounding" name** gets the callback,

The **unarmed man with brown skin** gets the bullet,

The **student with locs** gets told to cut their hair,

And the **mother in the hospital** gets ignored in pain.

Like I don't feel it when I walk into a store

And **watch their eyes track my every move.**

Or when I'm too loud, too proud, too strong—

And suddenly, I'm **"intimidating."**

They ask, **"Why does it always have to be about race?"**

Like they're the ones being followed.

Like they're the ones being questioned.

Like they're the ones being told, **"You're so articulate!"**

As if intelligence was never meant for us.

I wish I could ignore it.

I wish I could just **exist**

Without having to navigate a world

That **sees my color before my character.**

But as long as my skin speaks before I do,

As long as my Blackness is a conversation

Before I even open my mouth—

Then, yes.

It will always be about race.

Because the world **made it that way.**

Behind the Words: Why Does It Always Have to Be About Race?

This poem is a **response to the gaslighting** that happens

when people pretend racism **isn't still real, still alive, still happening.**

It speaks to:

- The **daily struggles** of existing as a Black person.

- The **microaggressions, assumptions, and systemic barriers** we still face.

- The **frustration of being told to "move on"** when the world hasn't.

The Land of My Birth

Mi seh, welcome to Jamaica, di island of vibes,

Where di culture **tun up,** an' di spirits rise.

Di land weh reggae **beat inna wi chest,**

Bob Marley voice still **tun up di best.**

We deh ya pon di map, no need fi rehearse,

From Kingston to MoBay, wi bless from di first.

Mi tell yuh straight—dis ah **no likkle place,**

Jamaica a di world's **sweetest embrace!**

Di food, oh gosh, di food so nice,

Rice an' peas, jerk chicken spice.

Oxtail gravy, run down too,

A piece a bammy? Yeah, dat will do!

Festival sweet, yuh haffi tek a bite,

Wash it dung wid sorrel, everything right.

Coconut wata, cool an' clean,

Natural vibes, straight from di green.

Di riddim a dancehall, di movement strong,

Wi bruk out, wi whine, wi dance all night long.

Passa passa, duggie, **wi deh pon di scene,**

From ska to dancehall, yuh know weh mi mean.

Di people full a **vibes an' energy,**

Anywhere wi deh, wi full a melody.

Wi mix up di old, wi bring in di new,

Jamaica forever—**wi culture too true!**

Mi seh, look pon wi beaches, di wata so blue,

White sand stretch out, di sky always new.

Negril, Ochi, Portland too,

A paradise **made just fi you!**

Di number one tourist spot, wi lock it dung,

People fly in, dem haffi touch ground.

Cyaan leff without di jerk pon di grill,

An' di mountain breeze, weh gi yuh di chill.

But wait, yuh know wi fast like whoa!

Usain an' Shelly-Ann **mek di world know.**

Di fastest man, di queen pon di track,

Jamaica stand tall, **wi neva look back!**

From di riddim to di rum, wi deh pon top,

Mi seh, Jamaica **coulda neva flop.**

Wi likkle but wi **tallawah,** dat's di way,

Di land of mi birth, **JAMAICA all day!**

Behind the Words: The Land of My Birth

This poem is **Jamaica in full color**—the **vibes, the pride, the culture** that **captures the world.** From **reggae legends** to **fastest champions,** from **delicious food** to **dances that spread worldwide,** this is the **heartbeat of the island.**

The **mix of patois and English** makes it **authentic, rhythmic, and alive**—just like **Jamaica itself.** It's not just a place; it's **a feeling, a movement, a way of life.**

From Yard to Foreign: An Immigrant's Journey

I left mi island, land of wood and water,

Packed mi dreams in a suitcase,

Crossed ocean blue to start anew—

But foreign nuh easy.

From sunshine to cold concrete,

From ackee and saltfish to ramen nights,

From a place where mi neighbor was mi family

To a land where mi name nuh mean nothing.

Shelter life—four walls but no home,

Filling out papers mi barely understand,

The system cold, the people colder,

Smiling in mi face but locking mi out di door.

Dem nuh tell yuh seh freedom have a price.

Nuh tell yuh seh green card a blood, sweat, and fight.

Nuh tell yuh bout racism hiding in di fine print,

How mi skin color turn opportunity into locked doors.

Work? What work?!

Without di right papers mi a ghost,

Working twice as hard fi half di pay,

Barely scraping by, mi cyaan afford to dream.

And love? Ha!

Met di devil dressed like a savior,

A man who call mi wife but treat mi like prisoner,

A man who seh mi worthless but still want mi body.

Mi fight fi mi freedom, fi mi dignity, fi mi life,

VAWA—one more battle, one more war.

Mi cry in silence, mi drown in depression,

PTSD, anxiety—di shadows walk wid mi,

Alone inna foreign, mi haffi save miself,

Cause help nuh come easy when yuh nuh born yah.

But mi rise —**yuh hear mi?**

Mi rise!

Mi put mi mind inna mi books,

Degree after degree—each one a middle finger to di odds.

Mi hustle, mi grind, mi build from di ground up,

Double shifts, triple jobs, nights mi barely sleep.

Now mi name on title deeds, mi business sign high,

Mi legacy taking shape—**mi did tell dem mi ago rise!**

And mi still climbing, mi nuh reach yet,

But by 40? **Doctor Brown, don't forget di name!**

Cause mi story nuh end wid struggle—

Mi story end wid triumph.

Behind the Words: From Yard to Foreign

This poem speaks to the **raw and painful reality** of immigrating from Jamaica to the U.S.—**the struggles, the isolation, the systemic obstacles, and the silent battles** that so many immigrants face.

It highlights the **resilience and determination** it takes to fight through **abuse, poverty, racism, and legal barriers**—while still holding onto dreams.

This is not just a story of survival—**it's a story of victory.**

Because **this journey doesn't end in struggle—it ends in success.**

Growing Up Jamaican

Mi seh, growing up Jamaican? **No joke ting.**

Strict rules, big licks, but **manners was king.**

Sunday morning? **Church pon di dot,**

Prayer meeting Tuesday, yuh **cyaa miss dat!**

Mi granny seh, "**Yuh do di crime, yuh pay di time!**"

Spanking fi nutten, mi cyaa even lie.

If mi name call? **Lord help mi soul,**

Granny nuh play, she **tek full control!**

Mi nuh get much hug up, mi nuh get much kiss,

So when people come 'round, mi **gravitate quick.**

Mi join every ting, mi deh pon every scene,

Dem seh, **"Mi too nuff,"** mi seh, "**What yuh mean?**"

If mi par wid di boys, dem **have supm fi seh—**

"**Yuh love man too much, stay far from dem way!**"

If mi love sleep, dem **start fi preach—**

"**Yuh ago breed cuz yuh love lay dung pon di beach!**"

But Christmas time? **Best time of di year,**

Family come 'round, **pure vibes everywhere!**

Di house smell sweet, sorrel pon di side,

Granny bake pudding, mi **mouth open wide!**

Barefoot pon di road, no care in di world,

A eat mango, guinep, till belly start twirl.

Dandy shandy, **bat ball pon di street,**

If yuh cyaa dodge, yuh **know yuh get beat!**

Lastic, marbles, **card pack pon di ground,**

Play **purple touch?** Just **don't get found!**

If a big people ketch yuh, yuh **know yuh get box,**

Dem nuh business if yuh **cry or relax!**

Mi dolly? Banana trunk and **leaf of life,**

Mi truck? **Juice box, run smooth like knife.**

Soap water in di tire, **run it wid a stick,**

Wi never need phone, **wi games did sick!**

Outside a wi place, **a di best playground,**

Wi couldn't **backtalk, couldn't mek a sound.**

Elders pass? **Yuh betta seh hi,**

Cuz if yuh nuh hail, a **next beating fly!**

Life did rough, but mi tell yuh di truth,

Mi grow wid **values, morals, and roots.**

Mi granny strict, but she **teach mi well,**

So mi stand firm, **no bwoy cyan sell!**

Jamaican childhood? **A lesson, a test,**

But di discipline mek mi **one of di best!**

Behind the Words: Growing Up Jamaican

This poem **paints a vivid picture** of a **strict but rich** Jamaican childhood—where **discipline, respect, and community shaped every child.** It reflects on the **rules, the licks, the morals,** and the **games that filled our days.**

The **mix of patois and English** brings the **authenticity** of growing up **under granny's rule.** It reminds us that while life was **strict and sometimes unfair,** the **lessons and values stayed for life.**

Growing up Jamaican **wasn't easy, but it made us strong!**

Di Hypocrisy of Di Church

Sunday morning, mi well dress up neat,

Hat pon mi head, shiny shoes pon mi feet.

Granny a drag mi, "Move fast, nuh stall!"

Mi cyaan miss church, mi haffi heed di call.

Preacher start preach, voice loud, full a fight,

"Live righteous, do good, walk in di light!"

Den same one turn 'round and **judge yuh fi spite,**

Act holier-than-thou, but **dem heart full a night.**

Sister Mary a bawl, **"God bless mi soul,"**

But last week she tell lie pon Miss June down di road.

Deacon Brown a talk 'bout **"faith and grace,"**

But him full a greed, **love run race.**

Dem seh, **"Come as yuh are, God nuh turn yuh 'way,"**

But if yuh nuh dress right, dem **mek up dem face.**

Mi skirt too short? Mi cyaa praise Him so?

But Brother Joe wife have har **whole back show!**

Choir a sing, di spirit feel high,

Den dem gossip 'bout who a **live inna lie.**

Mi nuh understand—dem seh **"love thy neighbor,"**

But still tun up dem nose, **quick fi pass favor.**

Dem cyaa wait fi collect **tithes an' offering,**

Money roll in while di poor still suffering.

Mi granny seh church **fi uplift an' guide,**

But some people in deh just **tek yuh fi ride.**

Mi nah bash God, mi nah lose faith,

But mi haffi call out **di real from di fake.**

Cuz religion pure, but di people? **No saint,**

Dem preach salvation but **life full a taint.**

Jah know mi heart, mi spirit still strong,

Mi nuh need no church fi **know right from wrong.**

Mi live good, mi love, mi try mi best,

An' dat mi know God will truly bless.

Behind the Words: Di Hypocrisy of Di Church

This poem **calls out the contradictions** within the church—how people **preach righteousness but practice judgment**. It shows the **double standards**, the **gossip, the greed**, and the **favoritism** that exist **inside the very place that should uplift.**

Yet, at the core, it **separates faith from people**—the message is clear: **God is real, but not everyone in the church is.**

Prayer for Jamaica

Let us pray!

Yuh know dem seh **a prayer a day keep di devil away!**

Clasp yuh hands and close yuh eyes

(*Watchya!* But tap—**unuh neva go school?** Mi seh fi **clasp unuh hands an' lock unuh yie!**

Shet dem tight... **especially you ova deh so**—yuh look like yuh **need prayer more dan anybody else!**)

(*Ad Lib: Ookeh... sheku...* Dem ova deh so an' mi deh yah so!

Hmm mm m... **mi feel di spirit... of di curry goat!**

Lord... mi pray fi dis our country, Jamaica!

Mi **give yuh thanks** fi di **Land of Wood and Water,**

But Lord... **tek back some a di wood!**

Cuz too much water a **drown di seeds** weh fi grow,

But nah get no chance fi **blossom an' bear.**

Guide wi Nation to Greatness,

Cuz yuh see, Fada—**Jamaica breed legends.**

Wi give yuh **Bredda Bob, Miss Lou an' Mass Ron,**

Usain, di one **Shelly-Ann, an' even Beres Hammond.**

Wi know yuh bless wi already—**but wi greedy (only sometimes!)**

So wi need more! **More Nanny, more Manley,**

Like di **famous, infamous Vybz Kartel seh—**

"**Million dolla by a morning,**"

So **send di trailer load!**

Fada, mi beg yuh—dash out some more common sense!

Cuz mi nuh wah disrespect yuh, but mi affi tell yuh—

It nuh so **common at all.**

How somebody **fi knock pon yuh door,**

Yuh ask, **"A who?"**

An' dem answer, **"A mi." Who is mi?!**

Dem see yuh **a sleep—wake yuh up—an' ask,**

"Yuh a sleep?"

Dem see yuh bawl bawl, tears a drop,

An' **a ask yuh if yuh alright.**

Fada—**dat nuh right!**

Bless di foreigna dem!

Di one dem weh **run lef dem yaad**

Fi **clean bottom an' kiss it too**

Just fi get a chance at **a better life.**

Keep dem strong, Lord!

So dem can send **more barrel dung a yaad.**

An' **while yuh at it, Fada...**

Talk to di likkle idiat scammer dem.

Cuz **dem a overdo it now! KMT!**

Mi swear—**dem a run competition wid di politicians!**

Scamma an' politician—**same WhatsApp group, Lord.**

Fada, change di likkle dirty mentality!

Mek wi **stop use di church**

Fi **rob poor people money.**

Mi pray di people **stop put dem faith inna pastor,**

An' **put it back inna yuh hands.**

An' Fada… before mi wrap up mi prayer…

Between mi an' yuh—**mi beg yuh.**

Tell di likkle **Jersey ears, yellow-face, pumpkin-tail looking one…**

(Yuh **know him name!**)

Tell him fi hurry up wid di green paper supm,

Cah mi waan **go dung a Mobay go eat fry fish an' mutton.**

Come to tink bout it, Fada,

A likkle **ackee an' saltfish** wouldn't hurt,

Especially wid some **roast pum pum yam.**

Oh lawd—what a jam!

Mi **pray fi di likkle ting me an' yuh talk 'bout.**

Cah **Jah know, Fada, mi tired a di hand-to-mouth life!**

Mi pray wi stick together,

An' as a **nation, be a better generation.**

Amen.

Behind the Words: Prayer for Jamaica

This prayer is **full of humor, reality, an' raw truth!** It speaks to **Jamaican struggles, culture, and faith**—mixing **patois, real-life experiences, an' a whole heap a belly-bussin' wit!**

It calls out **scammers, politicians, church hypocrisy, an' di everyday madness,** but still gives thanks fi **Jamaica's greatness an' di resilience of di people.**

This is **Jamaican prayers at its finest—honest, bold, and straight from di heart!**

Author's Note:

*This poem was performed at the **Jamaica Consulate** in Yonkers, **New York**, during their 2019 Independence Day ceremony—a moment that solidified the power of words, humor, and culture on a global stage.*

My Life

Lord knows **I didn't create my situation,**

While I may have **contributed to the outcome.**

I have **no control over the past,**

Neither can I **worry about my future.**

All I have is **this moment—**

Right here, right now.

I **pray and hope** my past mistakes

Don't define my future.

But damn, **it's hard**

When the weight of **regret and struggle**

Feels like it's **tattooed on my soul.**

I give, I love, I fight, I try—

But it seems like **trying ain't enough.**

I lift people up,

Yet **no one is there to catch me when I fall.**

I keep pouring from an **empty cup,**

Hoping one day, someone will **pour into me.**

Hoping one day, life will **give me back the love**

I so freely gave away.

Still, I rise.

Still, I push.

Still, I hope.

Because if I stop now,

Then **what was all this pain for?**

I won't let my struggles **write my ending.**

My story is still **being written,**

And I swear on my soul—

The best chapters are still ahead.

Behind the Words: My Life

This piece is **raw, vulnerable, and deeply personal.** It speaks to the **frustration of always giving but never receiving,** of trying to do good yet still ending up in **messed-up situations.** It captures the **mental exhaustion** of carrying burdens alone, the **silent struggles behind strength,** and the **desire for someone to finally show up for you.**

But beyond the pain, there is **resilience.** There is **hope.** The poem shifts from **feeling lost** to reclaiming **power over the future.** It's a reminder that **struggles don't define you**—and the best chapters? **They're still waiting to be written.**

The Seasons of Depression

Winter seems to be the longest of them all.

Cold days stretch like endless nights,

Heavy blankets can't warm the chill inside.

The world outside is frozen,

And so am I.

Come **May**,

I look forward to the **summer hay**—

To golden days and skies so bright,

Hoping warmth will chase away the night.

But even then,

It's **too warm** to stay in bed,

Yet the **heat waves** pound inside my head.

Sweat trickles, thoughts race,

And still, I can't escape this place.

Autumn whispers, leaves start to fall,

Maybe change will come after all.

But as the trees grow bare and gray,

I feel my own light slip away.

Seasons change, yet here I stay,

Drifting between hope and dismay.

Longing for a spring rebirth,

But fearing I may never break the curse.

Behind the Words: The Seasons of Depression

This poem **paints depression as a cycle, much like the changing seasons.**

Winter feels **endless and isolating.**

Summer is **too intense, and overwhelming.**

Autumn **brings reflection but not always a relief.**

And spring?

It's the **hope for renewal—** but sometimes, it feels just out of reach.

Because depression **doesn't just disappear with the seasons.**

It lingers, shifts, and changes form.

How Depression Became My Best Friend

I have been asked to share something **personal** about my life,

And I have thought over and over again **what exactly** I want to share.

I mean, I **could** tell you a lot of things—

The **good, the bad,** or even the **indifferent.**

Reality is, I'm in **no mood to share.**

Because my most **recent "best friend"**

Pretty much **dictates what I do or don't do** these days.

But today, **I am choosing to defy the odds.**

Because I know someone, somewhere, **needs to hear my story.**

You know the **typical story**—

Boy meets girl, girl likes boy,

They **fall in love, get married,**

Live **happily ever after,** yadda yadda—**whatever.**

Well, that's my story. **Except...**

I skipped the **happily ever after**

And I'm totally doing the **yadda yadda**

With my **new bestie called "Depression."**

Usually, I am an **optimistic go-getter**

With a **vibrant, kick-ass mentality.**

The only thing **kicking my ass** these days?

Depression.

I fight to put my **best face and feet forward,**

But deep inside,

I just wanna **curl up in bed,**

Vacation in a **dark hole,**

And **turn off my phone.**

Oh, and my **other best friend?**

Migraine.

She's intriguing,

Persistent.

She refuses to **leave me alone.**

They tell me,

"Pills are good for you—just take them, you'll feel better!"

Truth is, **I hate them.**

I hate the **pills.**

I hate the **migraine.**

I hate the **anxiety.**

I hate the **depression.**

And while **they insist on fighting me,**

I am even **more motivated to fight back.**

No one will decide what I do or don't do with my life.

After all, **it's mine, right?**

I refuse to **play the victim**

Because I'm **too strong** to lose this fight.

Depression?

Nah—**I'mma keep pressing on!**

See yah, but I don't wanna be yah!

So here I am, standing bold—

Black & Beautiful,

Intelligent & Interesting,

Thankful & Tenacious,

Caring & Charismatic,

Humorous but Humbled.

Yeah—**I am THAT BITCH.**

I am **strong.**

And no **depression** will ever **wear my crown.**

Behind the Words: How Depression Became My Best Friend

This piece is a **bold confrontation of mental health struggles,** wrapped in **humor, raw honesty, and resilience.** It paints **depression not as a feeling, but as a presence**—a lingering shadow that tries to control daily life.

The contrast between the **go-getter spirit** and the **exhaustion of battling depression** makes this piece **deeply relatable.** It calls out the **pressure to "just take the pills"** while capturing the **inner fight to hold on to self-identity, strength, and power.**

But the most powerful part? **The refusal to be defeated.** The ending flips the script—**depression doesn't get the last word.** The speaker reclaims their **power, self-worth, and confidence,** proving that no matter how dark the struggle gets, **they are still standing, still shining, still QUEEN.**

Blind Decisions

I have made **a lot of decisions** in my life.

Decisions that I am **not proud of.**

I have watched myself

Walk down a deep, dark hollow,

Thinking I had things **under control—**

When really, **I didn't.**

I have **set myself up** many times,

Knowing the story **had no good ending,**

But did it anyway,

Just for the **experience.**

See, I have **learned** from all the

Fucked-up decisions I've made

How to become **the phenomenal woman**

That I am **today.**

Was it **easy?**

No.

Did I get **frustrated along the way?**

Yes!

Many times, **I felt like giving up.**

Many times, **it was all too much.**

Many times, **my soul cried out—**

But I never asked myself,

"Why?"

Lie.

In fact, **I did!**

But I quickly learned—

No matter how **big** my problems seemed,

There were others with **even bigger,**

More complicated struggles than mine.

I learned to **turn my "Why me?"**

Into **"Why not me?**

And **why not?**

Everything was happening **exactly as it should.**

See, you **cannot learn patience**

Without being **tested.**

You **cannot learn strength**

Without being **pushed to your limits.**

Situations **teach you.**

Situations **shape you.**

They reveal **who is with you—**

And who will **leave at the drop of a hat.**

They show you **how strong you are—**

In the moment when strength is all you have left.

Behind the Words: Blind Decisions

This poem is a **reflection of growth through struggle.** It speaks to **the choices we make—sometimes knowingly walking into disaster—** but ultimately **learning from those experiences.**

It highlights **resilience, self-awareness, and transformation,** showing that **every bad decision still serves a purpose.**

The shift from **"Why me?"** to **"Why not me?"** is the turning point—**a mindset shift that embraces the journey instead of resenting it.**

This isn't about regret—it's about **owning your past, standing in your truth, and recognizing that every lesson built the powerhouse you are today.**

How I Feel Lately

My ears **ring.**

I get **disoriented.**

Loss of thoughts or **too many.**

Overwhelmed.

Short breathing.

Chest flare-ups.

Quickened palpitations.

My heart **racing** toward nowhere.

Constant headache.

Pills work—for a little.

No sleep.

More anxious.

Irritated with almost everyone

And **everything.**

The mention of **my husband**

Sends my **heartbeat into a frenzy.**

When he says **sorry,**

The **muscles in my head cringe so bad, it hurts.**

No energy.

My head **hurts—almost always.**

I feel **lightheaded.**

Faintish.

Wobbly feet.

Can't sleep.

(Did I say that already?)

That's it.

Fuck it.

I'm tapping out.

This is **not life.**

At least, **not mine.**

Behind the Words: How I Feel Lately

This poem is **a raw, unfiltered cry of exhaustion, anxiety, and emotional turmoil.** It captures the **physical and mental weight of stress, heartbreak, and burnout**—the body **breaking down under pressure, the mind spiraling, the heart losing its fight.**

Every symptom **paints a picture of distress,** while the scattered thoughts mirror **the disorientation of anxiety and emotional pain.**

The final lines hit hardest—**the silent realization that this life, this version of existence, is not the one you envisioned.**

Yet, even in the exhaustion, **this piece is a release.** The words don't just express pain—they **own it, confront it, and demand to be heard.**

Veins Are Sexy--------

Is there a **name**

For someone who is **in love** with veins?

What do you call someone

Who gets **turned on** by them?

Weird, right?

But why does it **have to be weird?**

The **oddly strange, emulsifying rate**

At which my insides **contort**

Each time I see some **juicy veins**—

Is **indeed** confusingly alarming.

Whew!

OK! Calm down.

Ca **what?**

You would only **utter such lyrics**

Because you have **no inkling**

How my **poor hypothalamus**

Kicks into a **merciless positive feedback loop**

Saving me from a **faint spell, perhaps.**

My **heart does rapid pumps.**

My **lady love goes jump jump.**

My **eyes seek every visible venule,**

Up and down—

To **wherever they go.**

The **throbbing of my lady love**

Matches the rhythm of **his blood.**

I **lick my lips.**

My **nips constrict.**

My **pelvis flicks.**

I ask to **touch.**

My fingers **glide.**

Inside me, I **wish he would hide.**

That **one big vein**

That may cause me **pain.**

Pain?

More like **life and death.**

Just **one snip…**

I **caught myself.**

I am **insane.**

Say what you want—

But **veins are sexy.**

"**Veinlovist.**"

That should be the word.

Veinlovist - *A lover of veins; a person who gets turned on by looking at or touching veins or a person who fantasizes about veins.*

Behind the Words: Veins Are Sexy

This poem is **sensual, quirky, and strangely intoxicating.** It explores **an unusual attraction**—the **beauty, depth, and eroticism** of veins. The way they pulse, the way they move, the **life running beneath the skin.**

The speaker doesn't just admire veins—they **obsess over them.** Their body **reacts involuntarily, craving the sight, the touch, the rush.**

But beyond the **physical attraction,** the poem also plays with **science and seduction**—weaving anatomy into lust, blurring the lines between **fascination and fantasy.**

And in true poetic fashion, the speaker **creates a new word** to define this craving—**Veinlovist.**

Strong Man

I don't want to be an **uptight woman.**

I want to be **free** and **unapologetically me.**

And by being **me,**

That means I will **explore whomever my body desires.**

So **what** if I crave a **strong, commanding man?**

A **broad-shouldered, deep-voiced, powerful king**

Who makes me **weak at the knees**

And leaves me **breathless with ease.**

At first, his **presence is overwhelming—**

A force of nature, a storm waiting to break.

He is **strong, unyielding, deliberate—**

Moving with the confidence of someone

Who **knows exactly how to leave a mark.**

"Oh, don't worry," he whispers,

"I will feed you, teach you,

And **knead you into submission."**

But that doesn't mean

I don't enjoy a **well-measured touch—**

A slow caress, a whispered tease,

The soft **etching of desire** with every stroke.

What if I enjoy...

The **gentle scrape of teeth on skin,**

The **anticipation before the plunge?**

What if I crave the **stretch, the ache, the release**—

That space where **pleasure and surrender shake hands**

And say **"Nice to meet you."**

What if I **want it all?**

The **deep grind, the slow burn,**

The **soft murmur, the deliberate turn.**

A **fistful of sheets, a gasp in the dark,**

A **knowing smirk as I walk away**—

Still **feeling it.**

And what if...

I **make no apologies** for it?

What if I am **woman, untamed?**

Raw, uninhibited, and **unashamed.**

Would that be **too much for a strong man?**

Behind the Words: Strong Man

This poem is **a seductive, rhythmic exploration of desire and power.** It shifts the focus from raw intensity to **controlled, deliberate passion**—where dominance and surrender are a **mutual dance.**

It paints a picture of a **man who is not just strong physically, but in presence, in confidence, in the way he leaves his imprint.**

The **play between softness and strength, anticipation and release, makes this poem both sensual and empowering.**

Because a **strong woman needs a strong man**—not just in body, but in **energy, patience, and depth.**

IDGA-Flip

Today, **I just don't feel like doing anything...**

I did **nothing today.**

And I feel **no way** about it.

It's not that **I don't care—**

But **why should I?**

When I **do care,**

All I do is **cry.**

I think about **how pathetic my life is.**

Life? **Oh, fuck life.**

It can be **so-fucking-depressing.**

It is **draining.**

All this **keeping up.**

All this **acting strong.**

Well, guess what, **motherfuckers?**

Not today.

The joke is **on you.**

Because **I ain't done shit,**

And I feel a **whole-lotta-fuck-a-good.**

To be **completely honest,**

Sometimes **I don't even know**

Why the fuck I cry.

My **wreckage train of thoughts** tells me:

"You are lonely."

"You need someone."

"What man? Fuck them."

Remember the **shitheads**

Who were **no good to you,**

Acted like they **cared,**

Made you **trust them?**

They ain't **all the same—**

But they **all the fucking same.**

Dick and two balls.

Woooooo **balls.**

Mind **shutting the hell up?**

(Pun intended.)

Note to self:

Reassuring thoughts.

Reassuring thoughts?

Lightbulb!

"You are brave and strong."

"Don't depend on any man."

"You have never let yourself down."

(Well, sometimes you do—but not the point.)

"You are smart, and people say you're funny."

(Well, people are stupid—but not the point.)

"You are a great mother."

(I doubt that. Your kid thinks you're mean.)

OMMMMMMMMMYFREAKING WORD!

Mind **shutting the hell up?**

Not helping.

But then, **my mind reminds me of my reality**

That **it didn't ask for this shit either.**

So, yeah, **there it is.**

Today, **I just didn't feel like doing anything.**

And I didn't do **"fuck all."**

Well, **except this.** Cause it's **real shit.**

Behind the Words: IDGA-Flip

This poem is **unfiltered, chaotic, and real.** It captures **the mental exhaustion of pretending to be okay,** the **spiral of overthinking,** and the **constant battle between self-criticism and self-encouragement.**

The **tone swings between raw frustration, sarcasm, and painful honesty,** mimicking the actual thought process of someone struggling with **mental burnout.**

The ending? **It's not resolution—it's reality.**

The speaker **did nothing—except tell their truth.**

And sometimes, **that's enough.**

Scared?--------

It's not that **I never liked or loved you.**

In fact, **it's quite the contrary.**

I have loved you **since the first day**

You asked me to **move away with you.**

I hated to admit it.

And when I **finally did,**

I meant it.

I have told you that **no one can replace you.**

And I **meant it.**

You were **my high**

Out of a **very dark place.**

We would **chat and laugh**

About **nonsensical stuff.**

But what turned me on **the most**

Was **listening to you ramble**

About things I **had no idea about.**

The way you **looked at me,**

I **knew** you loved me too.

You **loved me** and showed affection—

As much as you tried **to hide it.**

CARPENDIUM

I tried too.

But I guess I got **better**—

And **bitter** at hiding my true feelings.

So even when I **acted accordingly**,

Even when I **said differently**,

I wanted to be with you

Just as much as **you wanted me.**

And even when you said

You **didn't love me anymore,**

I **knew it wasn't true.**

You were **angry and hurt.**

And I **get it.**

I just wish **I could take it all back**—

The **pain, the hurt.**

But I **can't.**

When it all **boils down,**

I have to **let you know…**

That **I do love you.**

More than you will **ever know.**

The truth is,

I was **scared** of admitting how much—

Until now.

All because **I was scared to lose you.**

But I am **losing you anyhow.**

And my **heart is broken.**

I just wish

I wasn't too **scared** to just **be with you.**

And I **know** you are **scared to be with me too.**

So why don't we be **scared together, babe?**

Behind the Words: Scared?

This poem is **a confession of love, fear, and regret.** It captures the **hesitation to be vulnerable,** the **pain of holding back,** and the **tragedy of losing someone before fully allowing yourself to love them.**

The speaker battles between **what was said and what was felt,** between **pride and honesty.** There's a **deep longing, a desperate plea**—not just to be loved, but to **stop running from love.**

The last line? **A final surrender.** A hope that maybe, just maybe, they **don't have to be scared alone.**

Is It Wrong?

Is it wrong **to love you**

Even though my **head says to hate you** right now?

Is it bad that even though our **fight seems unresolved,**

I still think we **can work it out?**

Is it okay that **I accept you**

Knowing that with all the **bad**

Comes a lot of **good?**

Or is it wrong

That I want you to **accept my good with my bad?**

Is it wrong that **I love you**

Even though there are things about you **I can't stand**

But I still want you **around anyway?**

It **isn't wrong.**

And I **don't know if it's right.**

I just know **I love you anyway.**

And though you **cause me pain**

And make me **cry,**

I still want you **by my side.**

I miss you.

The way you **look into my eyes,**

Or **look away** when you try to **hide inside.**

I miss your **touch.**

I miss your **hug.**

I even miss it when we **snug.**

I know you **miss me too.**

Because you still **melt** when I am with you.

I know **I caused you hurt,**

And for that, I try to **make you understand my plea.**

I will **apologize** for as long as it takes,

Until you **recant the words that broke my heart.**

I never meant you **any harm.**

I never meant to **make you cry.**

I may not be able to **say anything**

That will **make you feel better.**

But I know that only my **actions and time**

Will **smooth things out.**

So, **tell me...**

Is it wrong to **still like you**

Even though you have said **you dislike me?**

Is it wrong to still think **there is a chance for us,**

Even if it is **not how we want it to be?**

Behind the Words: Is It Wrong?

This poem is **a raw, emotional battle between love and pride, hurt and hope.** It speaks to **the contradiction of still wanting someone even when pain is present.**

The **questions are rhetorical, but deeply personal—** they reflect the conflict of knowing love **shouldn't always be enough,** but still **feeling like it is.**

The speaker is **desperate for reconciliation,** but at the same time, uncertain. There's **a longing, an ache, a stubborn refusal to let go completely.**

The last line leaves the reader with **a question that has no real answer.** Because sometimes, **love is not about what's right or wrong—**

It's just about **what is.**

Forty Minutes of Feet Heaven

I arrived **on time**

And I paid for the parking meter—

My dime, on my mobile.

Fifty minutes.

That should do it.

I walked inside.

"Hi!"

They asked for my details

To confirm my **rendezvous.**

"You may sit there," he smiled.

I flipped out my camera—

A video, a memory.

The ambiance? **Asian-themed, quiet, fancy, neat.**

The decor—

Lavish, trimmed with gold and red.

Such **grandeur merits reminiscence.**

"May I have your Groupon?"

It was time.

I walked into a **semi-dark lit**

Cavernous, open room.

Tiny little beds,

Fit for just **one head.**

The design—

Like **an assembly line,**

Except the bodies lay still,

Waiting.

This was **exciting.**

I had never seen such a sight before.

A **whorehouse**—

But only for the ones with pain, aches, and sores.

Hush, hush.

Everybody was **tranquilized.**

Inside, my **anxiety reared its ugly head.**

I could **not wait** to get to my **little bed.**

He **ushered me** to sit down.

I did just that,

And **looked around.**

Not too much to be rude,

But just enough to **take it all in.**

I laid my head back—

Silently told to **relax.**

"Does he even speak?"

Yes, perhaps.

But it didn't matter too much.

I was there **for my sole.**

Soul?

Indeed, that too.

But **sole had the win.**

Four pairs of feet—

Rubbed, dubbed, scrubbed.

One, two, three, and **nine o'clock, respectively.**

I looked up—

My eyes, in **awe.**

Whoever **concocted** such design

The genius deserves to be enshrined.

The dimensions of the pipes,

The patterns overlaid

With **symmetrical, open flower boxes.**

Stacks of **red and white candy shapes,**

Stacked **next to each other.**

All black.

Jet black.

Hanging incandescent bulbs,

Twinkling,

CARPENDIUM

Oh twilight.

Simple, yet astonishing—

To the one who can **perceive such art.**

My **things were boxed**

To safety **in a corner.**

My **feet were placed**

In a **bagged bath of warm water.**

A cushion, please, for my back—

Because it **hurts. I can't relax.**

An unexpected, welcomed washcloth—

Dropped over my face.

Almost **too aggressive,**

Needed much better grace.

Total darkness.

My ears **peaked to formation.**

Snoring to my right.

Moaning to my left.

A wall to my north.

Deep breathing down south.

My right arm **raised in the air,**

Cold liquid gel **touched my fingers.**

Strong, soft, warm hands.

My **muscles relinquished.**

My **joints surrendered.**

My **shoulders cricketed and cracked—**

Like **bonus six and fours**

When the ball **hits the bat.**

Oh yes,

I **definitely needed that.**

He moved around **to my other side.**

Passed right by him—

Quick footsteps, panning left.

Whispers.

Conversations **in different languages.**

I had **no clue** what they were saying.

But I understood the language,

Spoken in **silence,**

Between his **hands and my body.**

Down to my feet,

I **grinned my teeth.**

A **moment of silence,**

Full of **gratitude.**

In four days,

Thirty-three years of fortitude.

I **closed my eyes.**

I **soaked it all in.**

I let my body **fully relax**

As he **went all in.**

The way his fingers **danced through my toes,**

Making them **curl.**

My **whole body twisted.**

I might have **swirled.**

It was as if his **hands and my sole**

Connected in **sweet divine.**

He teased, pinched, poked,

Stroked, scraped, thumbed,

And kneaded.

I sighed, breathed, cringed,

Stiffened.

I'm so **elated**

I decided to **treat myself**

To **forty minutes**

Of **feet heaven.**

Because, without a doubt,

It was surely **heaven.**

Behind the Words: Forty Minutes of Feet Heaven

This poem is **an experience—a journey into relaxation, escape, and indulgence.**

The speaker **observes every detail, every sensation,** from the **art on the ceiling** to the **cracking of bones** under expert hands.

It's a **play on words, a dance between the sole and the soul**— a physical and emotional release.

The **structured rhythm mimics the ebb and flow** of the massage itself—building tension, releasing it, then sinking into bliss.

Because **sometimes, heaven isn't a place—**

It's **forty minutes of pure, undisturbed peace.**

She Rises

In adversity, **she always rises.**

Obstacles come, yet she keeps **overcoming.**

There are nights she **feels like she won't make it,**

But still, she **perseveres.**

She does what needs to be done—

Even when doubt **creeps in.**

Even when exhaustion **sits heavy on her shoulders.**

To some, it looks **easy.**

They see the **victory strides,**

But not the **tears** she wipes away in the dark.

They see the glow, but not the **sleepless nights**

That leave only shadows under her eyes.

"I'm proud of you," they say.

But **if only they knew**

The **lows, the struggles, the moments of breaking—**

Not just the **highs, the wins, the celebrations.**

Yet in adversity, **she always shines.**

She **stumbles but never stays down.**

She may **procrastinate,**

But when it's time to **deliver—**

She shows up, **unstoppable.**

She doesn't like to fail.

Failure is **a lesson, not a destination.**

She is an **overachiever, but not for applause.**

She fights, she wins, she builds—

For **herself, for her legacy, for her future.**

She rises, **every single time.**

Behind the Words: She Rises

This is the **speaker's journey—her truth.** It speaks to **resilience, unseen struggles, and the quiet battles behind success.** It's about the **real work behind the highlight reel—**

The tears, the doubts, the push to **keep going.** This poem **isn't just about winning—**

It's about **fighting, falling, and still choosing to rise.**

The Feeling of Leaving

One of the **worst feelings** is breaking up with someone,

And being the one **taking action.**

The other party doesn't realize—

Most times, **it's just as hard for you too.**

You **love this person,**

But you must **walk away**

For your good—

And sometimes, **for theirs too.**

Does that stop you from **missing them?**

No.

Does it stop you from **wanting to know**

If they **ate** or **slept well?**

No.

Do you still wish—

Every time you get a **text**

Or your **phone rings—**

That it's **them?**

Lie.

That is an unfortunate **no, also.**

In fact,

This person is **constantly on your mind.**

You want to **call and text,**

But you **restrain yourself,**

Because **leading on** while **trying to let go**

Is the **last thing** you need to do.

Until the other party is **absolutely clear**

Of your **decision to leave—**

Being sweet is a **no-no.**

Not saying you are **allowed to be a bitch,**

But keep your **distance** and be **cordial.**

It's **unfair to them**

Thinking everything is **fine,**

Thinking there is **hope,**

When you are really **walking out the door.**

Keep **communications open.**

Make sure they **understand**

What your **decision is**

And **why you are leaving.**

Leave in peace.

Behind the Words: The Feeling of Leaving

This poem captures the **complexity of walking away**—not because love is gone, but because it's necessary. It speaks to the **silent suffering** of the one who makes the decision, showing that **letting go isn't always about wanting to leave but needing to.**

The **repetition** of "No" emphasizes the **inner conflict**—even when leaving is the right choice, the heart still **longs, wonders, and waits.** The piece acknowledges the **unfairness** of mixed signals and the need for **clarity and closure.**

The power of this poem lies in its **honesty**— a reminder that sometimes, walking away is an **act of love too.**

I Wasn't Ready (A Divorce Story)

I **loved**—but I wasn't **in love.**

I was **waiting** for the moment to come.

Maybe he would do **something magical,**

Maybe he would finally **act right.**

But deep down, I knew—

This **didn't feel right.**

I was the **woman he wanted in me,**

But the **man in him** I hoped to meet—

Never arrived.

I met his **representative saint**

And married the **devil standing next to his mate.**

Everything I once **loved about him**

Became everything I **hated.**

The **respect that was there?**

Eradicated.

No one **believed me** when I shared,

So I started **collecting memories**

That would later **bear the weight of truth.**

And then came **the day.**

The day I ended up in the **ER.**

The doctor damn near had to give me **CPR.**

Not because my body was broken—

But because my **heart was.**

Shattered into tiny pieces.

All my **hope—diminished.**

Behind the Words: I Wasn't Ready

This poem is **raw, honest, and deeply personal.** It captures the **pain of a love that was never truly right**—The **false hope, the slow unraveling, and the final breaking point.**

It's not just about divorce—

It's about **betrayal, disillusionment, and survival.** She walked in **hoping for love,**

And walked out **fighting for herself.**

CARPENDIUM

I Wasn't Ready (Part II)

Depression, PTSD, anxiety—

Lord, what a **calamity.**

I've been through some things,

But never of **this severity.**

I knew I had to **leave,**

But him **putting his hands on me**

Was the final **decree.**

The way he **dragged me like a rag doll,**

I knew he must have been **crazy,**

Because only **God Himself**

Stopped me from **killing him**

And **losing my mind.**

Yet I stayed **cool, calm, collected—**

Because I have a **baby.**

I couldn't let her **grow up alone**

In this **fugazy.**

Court case.

Different dates.

Order of protection, the judge ordered.

His whole **family turned against me**

Like I was the one **out of order.**

Protecting myself?

I should.

Though **I didn't file,**

The judge punished him for the crime.

It made **no sense.**

My feelings, Denied.

Now I was **on my own**

With my child,

With **all the bills, each declined.**

Survival mode kicked in—

And now I was **in the wind.**

Because what should have been **real justice**

Wasn't a **win** with the system.

The **lowest point of my life,**

And with my child,

I **clung to my heart.**

I never looked back—

I just **pushed on through.**

Not an ounce of tears,

Until the **divorce came through.**

The night I got the letter,

It finally felt **real.**

Because before then,

It was just a **phase I was passing through.**

I had **no intention**

Of making this a **dream come true.**

But there it was.

Signed. Sealed. **Finalized.**

And for the first time,

I could **finally breathe.**

Behind the Words: I Wasn't Ready (Part II)

This poem is **the breaking point, the fallout, and the survival.**

It speaks to **domestic violence, injustice, and resilience.**

How the system **fails survivors.**

How **family betrays.**

How a woman is **forced to carry everything alone.**

But she **pushes through.**

She **doesn't break.**

And when the divorce papers come,

She finally sees it **wasn't just a nightmare—**

It was **her freedom.**

Someone, Somewhere...

Think about it.

Right now, this minute—

Someone is **dying,** another is **crying.**

Someone is **fighting for their life,**

While another is **taking theirs for granted.**

Somewhere, the **sun is setting,**

Yet in another place, **it is rising.**

Somewhere, someone is **making love,**

While another is **breaking up.**

Someone is **having sex,**

Someone is **getting vexed,**

Someone is **utterly perplexed.**

A mother **welcomes her first child,**

While another buries hers.

A man **celebrates a promotion,**

While another loses his job **without warning.**

A girl dreams of her **happily ever after,**

While another wakes up to her **worst nightmare.**

Somewhere, someone is **praying for change,**

While another is **wishing things stayed the same.**

Some laugh **so hard they can't breathe**,

While others **struggle to breathe through their pain.**

Someone is **healing**,

Someone is **hurting**.

Someone is **winning**,

Someone is **falling**.

And yet—

The world keeps **spinning**.

The stories continue.

The cycles repeat.

Because somewhere, right now,

Life is **beginning**...

And life is **ending**.

Behind the Words: Someone, Somewhere...

This poem highlights the **duality of life—**

How **joy and sorrow exist at the same time, in different places.**

It reminds us that while **we celebrate, others mourn.**

While **we suffer, others thrive.**

It's a reflection of the **constant motion of life,**

Where the **beautiful and the tragic coexist.**

Marry-Jane?

Marijuana.

Mary Jane.

The sweet **Sensimilla.**

Ganja, Kush, Loud, Purple Haze—

Whatever you call her,

She answers **just the same.**

I **cook it.**

I **bake it.**

I **smoke it.**

I **drink it.**

Roll it tight, **inhale, exhale**—

And just like that,

The world **seems to comply.**

She makes me **happy, hungry, horny.**

She makes me **sleep when I can't.**

She slows the chaos,

Turns stress into **whispers.**

When I'm high,

The world moves differently.

The air is **softer,**

The music is **deeper,**

Even the bullshit sounds **sweeter.**

And yet—

I had to get a **medical card**

Just to smoke **legally.**

Because the **government profits**

Off what they used to call a **crime.**

They sell it in dispensaries

While still **locking up poor people.**

Decriminalization?

For some.

Incarceration?

For others.

It's funny, isn't it?

How one **joint**

Can mean **freedom for me,**

But **prison for him.**

Still, I **light up.**

Take another hit.

And let the **smoke rise—**

Because for now,

Marry-Jane is the only thing

That truly **makes sense.**

Behind the Words: Marry-Jane?

This poem is more than just an **ode to marijuana.**

It's about **the joy and relief it brings**—

And the **hypocrisy of a system**

That profits off it **while still punishing others.**

It's about **freedom and control.**

It's about **healing and injustice.**

But most of all,

It's about **a love story**—

Between me and **Mary-Jane.**

The Norm

People always say,

"Follow the norm."

"Be the norm."

But what the **fuck** is the norm?

Who **made it** the norm?

Because **everyone does it,**

Does that **really** make it normal?

If that were the case,

With **all the prison cells filled,**

Would stealing, raping, and killing

Be considered **normal too?**

Every **trend advertised**

Becomes **the new norm.**

So is it really **a standard?**

Or just **a script to follow?**

The sheep mentality—

The need for someone to **lead**

Because it takes away

Accountability.

Responsibility.

> The norm?
>
> **It's just a choice in disguise.**

Behind the Words: The Norm

This poem **questions everything society tells us to accept.**

It challenges the idea of **normalcy,**

Calling out the way people **blindly follow trends, rules, and systems**

Without ever stopping to ask **who created them and why.**

It's about **breaking free from conformity**

And thinking for **yourself.**

Black & White: Love & War

Jamaica, the **land of wood and water,**

Where our motto sings:

"Out of many, one people."

Different shades, one heart—

No race above, no race apart.

I once **loved a white man** there,

And it felt like **nothing at all.**

No stares. No whispers.

No fear of being someone's **"forbidden fruit."**

Just **two souls, no barriers, no chains.**

But here?

Here, in the **land of the free**

And the **home of the brave,**

Love is a battlefield.

Would I always have to **defend?**

Would I have to **pretend?**

Would I have to **pick a side**

Just to keep my pride?

Would they say I **hate my Black men?**

Would his family **welcome me in**

Or **weaponize my skin**?

The triggers—

They lurk in the smallest of things.

A side-eye in a restaurant,

A pause too long when we walk in.

A joke that isn't quite funny,

A question that cuts like a blade:

"Where are you from? No, really… where?"

What about the TV shows

That still paint my people **chained, whipped, sold?**

The **slave narrative recycled—**

Never showing **our empires, our kings, our gold.**

And even now, I ask myself—

Can love **truly** be colorblind?

Or will it always be shaded

By the **history left behind?**

Jamaica taught me to see **beyond race.**

America makes me question

If I even have that **privilege.**

Because here, I am **Black first.**

Before I am woman.

Before I am lover.

Before I am free.

And I don't know if I can ever go back

To a love that once felt like **just love—**

Because here, it is a **statement.**

Here, it is a **fight.**

And I never asked for war.

Behind the Words: Black & White: Love & War

This poem speaks to the **stark contrast** between race relations in **Jamaica and America.**

Jamaica, where **race isn't a daily battle,**

And America, where **even love comes with a side of war.**

It touches on:

- The **ease** of interracial love in Jamaica vs. the **challenges** in America.

- The **constant defense, questioning, and choosing sides** that comes with it.

- The **triggers—subtle and blatant—** that make a simple relationship feel like a social stance.

- The media's **one-sided portrayal** of Black history, always through chains and not triumph.

It asks the hardest question—

Can love be love when history won't let it?

Sunny Side Up

Dark as **knight,**

Yet his **smile shines bright—**

Pearly, like an oyster **deep in the ocean blue.**

Wet, slimy, and watery **due,**

He **drew from my lips**

And made them feel **brand new.**

The way he **touches and caresses—**

His finesse.

The sensation **only ignites**

Serious **ram-ification.**

His **soul runs deep,**

Like the **blood in his veins,**

Lost behind a **veil of sin.**

Committed.

None omitted.

All **vindicated.**

Eyes **like bulbs,**

Personality **shining bright.**

People **gather,**

Drawn to his **light.**

A **man of thoughts**

With much to share.

Like him or not,

He is bound to **make you tear**—

Not in pain,

But in **joy and laughter, never disaster.**

He is **love and light**

And all things **right.**

Behind the Words: Sunny Side Up

This poem **paints a portrait of a man whose presence is undeniable.**

He is **charming yet mysterious,**

Deep yet **captivating,**

A soul that **shines even in darkness.**

There is an **intensity,**

A mix of **sin and salvation,**

Yet through it all—

He brings **love, light, and joy.**

You Are the Dick

I gotta say, of all the **dicks** I have met,

I have never quite met a **dick** like you.

I **want you,** but then I **don't.**

Thoughts of you **plague my mind,**

Rummaging just like a **madman in the trash**

On a **food scavenger hunt.**

I try **so hard** to rationalize your reasoning,

And I **understand it**—

But I **still want to be selfish.**

Selfish because **I love you.**

I **want you.**

I **need you.**

I **know** I don't need you,

But that doesn't **excuse the way I feel for you.**

I **envision us together.**

I **daydream about us.**

Every **hour of the day,** I am awake,

I **think of you.**

What is **my obsession?**

The way I **feel** when I am with you.

The way I **laugh** when I am with you.

The way you **hold me in your arms.**

The way I **crave just to have you around.**

It is as if you **cast a spell on me.**

'Cuz though I **see why we aren't meant to be,**

I can still see **all the reasons why we should be.**

Sometimes I **get it,** and sometimes I **don't.**

Why do you **choose to distance me?**

It **fucks with my head.**

Makes me feel **blue**—but mostly **red.**

All or nothing. I always say.

But now I **learn you are the same.**

You **want all of me.**

But you prefer to **be without me.**

Because the thought of **losing me hurts?**

I am not sure if it's **ego or emotions.**

Either way, I **try to understand.**

I just **wish you could see my hand.**

With you, I **formed a bond.**

And now, I feel like with each passing day,

From that bond, I **lose a strand.**

I go to sleep with **thoughts of you in my head.**

I wake up **hoping to feel better**—

Instead, I feel **worse.**

It's a **new day** to take charge,

To **manifest a new destiny.**

One that **doesn't involve you.**

It's a **new day** for me to remind myself **how strong I am.**

To **laugh and carry on.**

Instead, I am drawn **right back to this sad, depressing, cold wetness.**

The **tears I cry, uncontrollably,**

Because I cannot stop them from **forming.**

Behind the Words: You Are the Dick

This poem is **raw, conflicting, and emotionally charged.** It's about **being caught in the push and pull of love and detachment**— wanting someone, but knowing they're **not good for you.**

The title itself is **double-edged**— it plays with the idea that this person is both a **source of pleasure and pain,** love and frustration. The emotions in this piece **fluctuate wildly,** mirroring the **chaos of heartbreak.**

The ending? A **cycle that won't break.**

A struggle between **letting go** and **still holding on**

I Am That B.I.T.C.H.

I am that **B.I.T.C.H.**—

Bold and Beautiful, because my presence demands attention.

Intelligent and Interesting, because my mind is a force to be reckoned with.

Tenacious and Trailblazing, because I don't wait for doors to open—I build my own.

Confident and Charismatic, because I can move in any circle, fit in any crowd,

Yet stand alone, unshaken.

Headstrong and Highly Unapologetic, because I refuse to be boxed in by anyone's expectations.

I am **not** the nagging one.

Not the one they call difficult because she speaks her mind.

Not the one they label loud because she refuses to be ignored.

I am the **B.I.T.C.H.**

Who knows how to **read a room and own the space.**

Who walks the line with grace, but steps off when it's time to lead.

Who knows what she wants, what she doesn't,

Where she's going, and where she'll never return.

I am **not bound by gender, titles, or class.**

You are no more than me,

For see—

We cut, we bleed, we shit, and we stink.

So tell me, what makes you think you're above me?

I am that **B.I.T.C.H.**

Who excels in everything she does.

Who refuses to play small.

Who is simply **phenomenal.**

I am that **B.I.T.C.H.**—

And if you didn't know,

Now you do.

Behind the Words: I Am That B.I.T.C.H.

This poem **reclaims the word "B.I.T.C.H."** And flips it into an **acronym of power.**

It speaks to:

Owning your strength without apology.

Knowing your worth and never settling.

Thriving in any space, regardless of gender or status.

Defying societal norms and making your own rules.

Poly-Ga-ME

Been a part of **that lifestyle**

Before people were even calling it **a thing.**

Back when they were too **scared to say they are—**

Just quick to say they **aren't.**

Trapped in the closet?

More like **closet freaks.**

But let **me** be open and honest,

And suddenly, **I'm the freak.**

Because I **know what I want**

And I **own my shit.**

I used to **pick up chics** for my guy...

If I **didn't like her,**

The game still went on.

I don't mind,

Mind of a voyeur,

I loved to **watch.**

Something tantalizing about being **mind-fucked.**

Jealousy? **Me? Not.**

I like to see the action **close up.**

I had my **share of threes,**

But something magical about being **the lead,**

Not the **cheese.**

Now, in **present times,**

I don't know.

Because if a man **can't treat his woman right,**

He **doesn't deserve two.**

You wanna be treated **like a king**

With a **pauper's attitude?**

Nah.

It's been a while **since I played.**

I still get invites **all the time.**

But something **seeded inside me**

Won't let me **be.**

Maybe it's growth.

Maybe it's change.

Or maybe, just maybe…

The game **ain't the same.**

Behind the Words: Poly-Ga-ME

This piece is **raw, real, and unapologetic.**

It reflects on **past experiences, desire, and self-awareness.**

It's not just about **polyamory**—

It's about **power, choice, and evolution.**

Once, the game was **thrilling, intoxicating.**

But now?

It's **different.**

Not because the world changed—

But because **the player did.**

Leave It in the Past, They Say

"**Leave it in the past,**" they say.

Like history doesn't have its hands **wrapped around my throat.**

Like the echoes of **whips and chains**

Don't still ring through my veins.

They tell me to **move on,**

To forget the weight of my ancestors' bones,

To ignore the way the system was **never built for me—**

Only built **on me.**

They tell me,

"**Racism isn't what it used to be.**"

But still, I watch mothers cry over **sons shot down for being Black.**

Still, I see the headlines—

No justice.

No peace.

No surprise.

They tell me to stop making it about race.

But I don't get to wake up and **not be Black.**

I don't get to **walk into a room**

And not feel the **stares, the skepticism, the scrutiny.**

I don't get to date a white man

Without wondering if his love is **a rebellion or a fetish.**

I don't get to sit at dinner,

Without waiting for that **one ignorant joke.**

And what about the **films, the shows, the stories they keep telling?**

The ones where we are **always slaves, always oppressed, always suffering?**

Never the kings. Never the rulers. Never the ones who built the pyramids.

"Leave it in the past," they say.

But the past is **engraved in the present.**

Etched in every law that was **never meant to protect me.**

Sitting in every seat where a decision is made **without me.**

They tell me to **move on.**

But **they never did.**

They just changed the rules,

Wrote new laws,

Built new prisons,

Found new ways to **profit off my struggle.**

So tell me again,

How do I leave behind

What still stands **right in front of me?**

Behind the Words: Leave It in the Past, They Say

This poem is a **defiant response** to the idea that racism is over—That Black people should just **"move on."**

It challenges the **hypocrisy** of a world

That tells us to forget,

While still treating us as if the past **never ended.**

It speaks to:

- The **lingering trauma** of history in modern society.

- The **gaslighting** that comes with being told to "move on."

- The **realities of racism today**—systemic, personal, and cultural.

Because history isn't in the past.

It's in every breath we take.

Nothing Lasts Forever—Except the Word Forever

Forever.

A word so bold, so final, so sure.

Yet nothing truly lasts—

Except the sound of it, the weight of it,

The way it lingers in promises

That time will never keep.

"I'll love you forever."

But love fades.

Passion burns out,

Hearts drift apart,

And "forever" turns into

A memory, a lesson, a scar.

"Friends forever."

But life changes.

Distances grow,

Phone calls slow,

And "forever" turns into

A like on an old post, a name you used to know.

"Pain lasts forever."

But even pain dulls.

Wounds heal,

Scars remain,

But "forever" turns into

Strength, wisdom, resilience.

Nothing lasts forever—

Not love, not pain, not even life.

But the **word** forever?

It never fades.

It lives on in songs, in vows, in lies,

A promise we whisper,

Even when we know it's not true.

Because the only thing that truly lasts forever—

Is the idea that something could.

Behind the Words: Nothing Lasts Forever—Except the Word Forever

This poem explores the **contradiction** of the word *forever*—

How we say it so easily, yet life proves otherwise.

It touches on:

- Love that was meant to last—but didn't.
- Friendships that faded over time.

- **Pain that feels endless—but eventually softens.**

It's a reminder that **nothing is truly permanent.**

Except the way we keep **chasing forever.**

Smoking & Non-Smokers

I light up—

And here comes the side-eye, the judgment,

The fake cough, the exaggerated wave of the hand,

As if my smoke is the most offensive thing in the world.

But tell me, non-smoker,

Where is your outrage when the air is filled with exhaust?

When factories poison our lungs?

When the government profits from the same plant

They once locked people away for?

You sip your **whiskey, your wine, your beer,**

But I can't roll my herb in peace?

You stress in silence, bottle it up, drown in it,

While I exhale and let my worries float away.

You tell me it's a bad habit,

But let's talk about yours.

The caffeine addiction, the fast food, the sugar highs,

The toxic relationships, the sleepless nights,

The stress you swallow down but never release.

I'm not saying smoking is perfect,

I'm just saying—**we all have our vices.**

So before you judge me,

Take a deep breath.

Or better yet,

Take a hit.

Behind the Words: Smoking & Non-Smokers

This poem challenges the **double standards** of how society views smoking vs. other vices.

It speaks to:

The hypocrisy of judgmental non-smokers.

How the government profits from weed after criminalizing it.

The reality that everyone has a vice—just different kinds.

Men Will Be Men

Men will be men, they say,

A phrase that forgives too much,

Excuses the careless,

And justifies the reckless.

Men will be men, they say,

When they wander,

When they forget,

When they fail to see the effort you put in,

Like love is a game they were never taught to play right.

Men will be men, they say,

When they struggle to express,

When their silence speaks louder than their words,

When they carry the weight of the world

But refuse to ask for help.

Men will be men, they say,

When pride keeps them from apologizing,

When their ego demands they win,

Even if it means losing something real.

But let's be real—

Men will be men, but men can be better.

They can love without fear,

Speak without shame,

Break generational chains instead of binding themselves in them.

Men will be men, yes,

But the best of them choose to rise above it.

Behind the Words: Men Will Be Men

This poem challenges the **age-old excuse** that allows men to avoid **growth, accountability, and emotional depth.**

It acknowledges the **struggles of masculinity**—the silence, the pride, the unspoken burdens men carry—but also calls for **better.**

Because **true strength isn't in avoiding emotions, but in embracing them.**

Real love isn't in possession, but in presence.

And the best men don't just settle for the phrase—**they redefine it.**

What a Man Wants

A man wants peace,

Not war waiting for him at the door.

He wants respect,

Not a battlefield where he has to prove his worth.

He wants to be heard,

Without being told his feelings make him weak.

He wants to be needed,

Not just when the bills are due

Or when something needs fixing.

He wants a partner, not a competitor.

A woman who stands beside him,

Not one who tears him down

To build herself up.

He wants to be desired,

To be touched like a king,

To feel like more than just a provider

But a man—

A whole being with emotions, dreams, and needs.

He wants trust,

Loyalty without conditions,

Love without games.

He wants freedom—

Not to roam, but to be himself

Without judgment,

Without chains,

Without feeling like loving her

Is losing himself.

He wants what every human craves:

To be seen, to be valued, to be loved.

Behind the Words: What a Man Wants

This poem **dives into the raw, unspoken needs of men**

Beyond stereotypes and expectations.

It speaks to:

The desire for peace, respect, and appreciation.

The struggle of being valued beyond material roles.

The importance of trust, love, and emotional freedom.

What a Woman Needs

A woman needs **security**—

Not just a roof over her head,

But a **safe space** where her heart can rest.

She needs **consistency**—

Not sweet words today and silence tomorrow,

Not a love that flickers, but one that **burns steady.**

She needs **to be seen**—

Not just for what she gives,

But for **who she is** when she gives nothing at all.

She needs **communication**—

Not just "I hear you," but "I understand."

Not just "I'll fix it," but "I feel you."

She needs **to be desired**—

Not just when the lights are low,

But in broad daylight, when she's in sweats and messy hair,

And still, you look at her like **she's magic.**

She needs **support**—

A partner, not a project.

Someone who lifts her, not weighs her down.

Who stands **with her, not against her.**

She needs **freedom**—

To be soft, to be strong,

To be ambitious without intimidation,

To love deeply without fear of betrayal.

She needs **honesty**—

A love built on truth, not half-truths.

A man who shows up,

Not just when it's easy, but when it's real.

She needs **loyalty**—

Not just in words, but in **action.**

To know that when she gives her all,

She's not standing alone.

A woman needs **love**—

The kind that doesn't require her

To shrink, to beg, to **prove her worth.**

She needs **a love that lets her be… her.**

Behind the Words: What a Woman Needs

This poem is **a love letter to every woman**

Who knows she deserves more than just the bare minimum.

It speaks to:

Emotional security and consistency.

The power of being seen and heard.

The balance of freedom, support, and loyalty.

The kind of love that doesn't demand a woman to shrink herself.

Saved by a Scorpio

I met him in passing,

A stranger with a familiar soul.

Two days in,

He offered a lifeline—

Leave New York. Start fresh in Chicago.

No expectations, no agenda.

Just kindness, raw and real.

For **nine months,** I had known struggle.

Shelters, uncertainty, the weight of survival.

But in **two days,** he saw me—

Not as broken, not as burdened,

But as **someone worth saving.**

He gave me **space, stability, a new start.**

A contract signed, a promise unspoken—

That no matter what, we'd have each other's backs.

But it wasn't just shelter,

It was **friendship.**

A bond forged in the fire of **trust and gratitude.**

I became his mentor,

He became my anchor.

Teaching each other,

Building, growing, thriving.

Years passed, and still,

His kindness remains etched in my heart.

Because sometimes,

The people we least expect, save us the most.

And I will never forget—

I was saved by a Scorpio.

Behind the Words: Saved by a Scorpio

This poem is a tribute to **an unexpected friendship** that changed everything.

It speaks to:

How a stranger's kindness can alter your entire path.

The power of trust and starting fresh.

A friendship built on mutual respect, growth, and loyalty.

Gratitude for those rare souls who show up when you need them most.

I Am Not Mad

I am not mad.

Not at the struggles,

Not at the pain,

Not at the ones who turned their backs when I needed them most.

I am not mad.

Not at the sleepless nights,

Not at the doors that slammed in my face,

Not at the sacrifices that felt like they would break me.

I am not mad.

Not at the lessons disguised as heartbreak,

Not at the wounds that time refused to heal,

Not at the loneliness that became my only friend.

I am not mad—

Because every storm shaped me.

Every tear watered my growth.

Every battle sharpened my will.

I am not mad—

Because through it all, I am still here.

Still rising, still pushing, still fighting.

Still walking my path with my head held high.

No, I am not mad.

I am **grateful.**

Grateful that life couldn't break me.

Grateful that I turned pain into power.

Grateful that I am **unstoppable.**

Behind the Words: I Am Not Mad

This poem is about **resilience and perspective.**

It's a declaration that even in the face of **betrayal, hardships, and pain,** there is no bitterness—only **growth, wisdom, and strength.**

Because real power comes not from **anger,** but from **rising above it.**

In the Mind of the Depressed

Trapped inside,

A world too loud, yet deafeningly silent.

The weight of the air feels heavier today,

Like my own breath is betraying me.

I wake up, but I don't rise.

I exist, but I don't feel alive.

The sun pours in, mocking my darkness,

While my thoughts coil around me like chains.

I tell myself,

"Get up, move, do something, anything."

But the body doesn't listen,

And the mind whispers, *"What's the point?"*

Memories replay like broken records,

Regrets claw at the walls of my brain.

People say, *"Just be happy."*

Like I haven't spent years searching for the switch.

Some days I am numb,

Others, I feel too much.

Some days I want to disappear,

Others, I pray someone sees me drowning.

I scroll past life,

Everyone moving, laughing, living,

And I wonder—

"How do they do it so easily?"

I'm tired.

Of fighting battles no one can see,

Of explaining what I don't understand myself,

Of carrying a storm inside while the world expects sunshine.

But deep down,

In the smallest corner of me,

A whisper fights back,

"Keep going."

Because even **the mind of the depressed**

Still holds onto **hope,**

Even if it's just a flicker in the dark.

Behind the Words: In the Mind of the Depressed

Depression is **an invisible weight,** a constant battle between **wanting to move forward** and feeling **trapped in place.**

This poem **peers into that battle**, into the exhaustion of existing when your own mind **turns against you.** It speaks to the **struggle of feeling isolated**, even in a crowd, of hearing "just be happy" when happiness feels **out of reach.**

Yet, **there is hope.** Even in the darkest moments, there is a whisper—a tiny voice saying **"keep going."** And sometimes, that whisper is enough to hold on.

Getting Over Abuse

I try to forget.

I try to forgive.

But do we ever really **forgive** or **forget**?

The echoes of hands that touched where they shouldn't,

Of words that cut deeper than any blade,

Of nights I prayed to be swallowed by darkness—

Still whisper to me in my dreams.

I tell myself, **move on.**

They don't deserve my pain.

They don't deserve my tears.

They don't deserve the space they still rent inside me.

I try to forget.

But my body remembers.

The flinch when a hand moves too fast,

The hesitation before I trust,

The way "I love you" sounds like a loaded gun.

I try to forgive.

But forgiveness feels like surrender.

Like telling them they won.

Like saying what they did was **okay**—

And I know damn well it wasn't.

So I carry it.

Some days light as a feather,

Other days heavy as the world.

Some days I laugh like it never happened,

Other days I bleed from wounds no one can see.

Will I ever be free?

Or will I always be running from shadows?

Will I ever fully heal?

Or will I always be stitching myself back together?

I don't know.

But what I do know is—

I survived.

I still breathe.

I still rise.

I am still here.

And that is enough.

For now.

Behind the Words: Getting Over Abuse

This poem **lays bare the struggle** of trying to heal from abuse—of wrestling with the past while trying to move forward.

It **captures the cycle**:

- The need to forget but the impossibility of it.
- The desire to forgive but the resistance to let go.
- The way trauma lingers in the body, even when the mind tries to move on.

It doesn't offer a **neat resolution**—because healing isn't **linear**. Some days feel like freedom. Others feel like the past is clawing at your skin.

But one thing is clear: **Survival is victory.**

And every day you wake up, you are **winning.**

When I Am Done: It's Over

I don't slam doors—

I **remove them.**

I don't burn bridges—

I let them **collapse under their own weight.**

When I am done—

There are no second chances.

No "what ifs," no "maybes."

No more late-night conversations,

No lingering attachments.

When I am done—

Your name no longer **echoes** in my mind.

Your touch no longer lingers on my skin.

Your voice? **Muted.**

Your presence? **Erased.**

I don't cry over what's broken—

I sweep the pieces away.

I don't grieve the past—

I **rewrite** the future.

Because when I am done—

It's not just **over.**

It never **existed.**

Behind the Words: When I Am Done: It's Over

This poem is a **declaration of finality.**

It speaks to that moment when you've given all you can, and you realize—

You owe nothing more. There's no bitterness here. No regret.

Just the quiet power of **letting go completely.**

Because sometimes, the strongest thing you can do—

Is **walk away without looking back.**

Taking Back My Power

The day I faced my abuser—

Was the day I took back my power.

I was no longer **ashamed.**

What was I ashamed of, anyway?

I did nothing wrong.

All I did was **love and trust** the wrong one.

They greet you like a sweet pup,

But underneath—

Lurks the vile sting of a wasp.

The ultimate **betrayal.**

The tormented **thoughts.**

The demented **memory warps.**

I told myself I forgave—

So I could forget.

So I could move along.

Perhaps, sing a happy song.

But every word became a trigger,

Every melody, a twisted tune.

I was dancing in madness,

Trying not to relive the doom.

But **no more.**

No more **hiding.**

No more **keeping quiet.**

No more living with **despise or regret.**

It's **your cross** to carry now.

Your burden.

Your shame.

I pass it back to you—

Because I refuse to bear it.

I am **the main actress**

And you know what they say about the show—

One **bad actor** does not stop production.

You were bad.

You need no resurrection.

Here **ended our connection.**

Behind the Words: Taking Back My Power

This poem is **raw, unapologetic, and victorious.**

It speaks of **reclaiming control**—

Breaking free from the weight of shame.

For too long, survivors carry what was never theirs to hold.

This poem **returns the burden** to the abuser.

It's not about revenge.

It's about **release.**

Because the moment you face the past—

And refuse to be bound by it—

You win.

Fit In?

Why fit in,

When I was born to stand out?

Why must I follow,

When I was meant to lead?

Why must I dim my light,

Just because it blinds those who refuse to shine?

I am different—

And that's okay.

We weren't all born the same way.

Some blend, some break molds,

Some walk paths already made,

While others carve their own,

Leaving footprints for the next bold soul to follow.

So no, I won't shrink myself to fit your frame,

I won't clip my wings to match your cage,

I won't quiet my voice to make you comfortable.

Because **I was not born to fit in—**

I was born to stand out.

Behind the Words: Fit In?

This poem is a **declaration of individuality**—a reminder that **being different is not a flaw, but a strength.**

Society pushes **conformity**, but true power lies in **authenticity—in owning your uniqueness and refusing to be boxed in.**

Because the world doesn't remember those who **blend in.**

It remembers those who **dare to stand out.**

Unapologetically Woman--------I am who I am. You either accept it or you don't.

You may **not understand me,**

And I may not fit into **your perspective**

Of what is **normal,**

Or your **notion** of what a woman should be.

But **that's me.**

I am **who I am.**

Wonderful. Objective. Motivated. Astute. Nurturing.

I am **W.O.M.A.N.**—so divine.

I do not **limit myself**

To the **stereotypical box** of society,

And I will never **conform**

To the **small minds** that try to contain me.

I am **who I am.**

Born in sin and **shapen in iniquity**—

At least, that's **what they said.**

But guess what?

I **think differently.**

Oh yes, I was born **nothing short of perfection.**

Perfect in all my **ways and thoughts**.

For even when I **make mistakes**,

They morph into **beautiful lessons**.

The greatest men to **walk this earth**

Did **not succeed at first go**.

So let me be **great**—

With my flaws and all.

In this day and age,

Someone can become **famous from a fall**.

But I will rise—

Because I am **unapologetically woman**.

Well-educated. Opinionated. Mysterious. Ambitious. Necessary.

I am **W.O.M.A.N.**

And I make **no apologies for it.**

Behind the Words: Unapologetically Woman

This poem is **a declaration of power, confidence, and self-acceptance.** It speaks to the **defiance of societal expectations, the rejection of limitations,** and the embrace of **one's own unique path.**

The acronym **W.O.M.A.N.** isn't just words—it's **a statement of identity.** This poem isn't about seeking validation—it's about **owning space, standing tall, and embracing the fullness of self without compromise.**

It's a **reminder to every woman—flaws, imperfections, and all—you are STILL divine. STILL worthy. STILL unstoppable.**

Angels Without Wings

I have known struggle—

Nights of uncertainty, days of despair.

I have walked paths where the road was unclear,

Where survival meant fighting battles I never saw coming.

But in my darkest moments,

Hands reached out.

Some were familiar—friends who stood firm,

Their love unwavering, their support endless.

They held me up when I could barely stand,

Reminding me that I was never alone.

Then there were the strangers—

The ones who appeared like whispers from the universe,

With **a Hail Mary full of grace,**

With **kindness poured freely, no strings attached.**

Like blessings I never asked for,

Yet desperately needed.

To the ones who gave without hesitation,

Who saw my daughter and me

Not as burdens, but as people worth helping,

You restored my faith in the goodness of this world.

Because of you, I see the purpose

In all the years I spent paying it forward.

Now, I understand—

What we give always finds its way back.

To the friends who never left,

To the strangers who became family,

To the souls who offered love, shelter, and hope—

You were my angels without wings.

And I will never forget you.

Behind the Words: Angels Without Wings

This poem is a **thank you** to every person who showed up when life felt like too much to carry. It speaks to:

The power of friendship and unwavering support.

The unexpected kindness of strangers.

The way love, when given freely, always comes back.

Gratitude for the people who remind us that we are never alone.

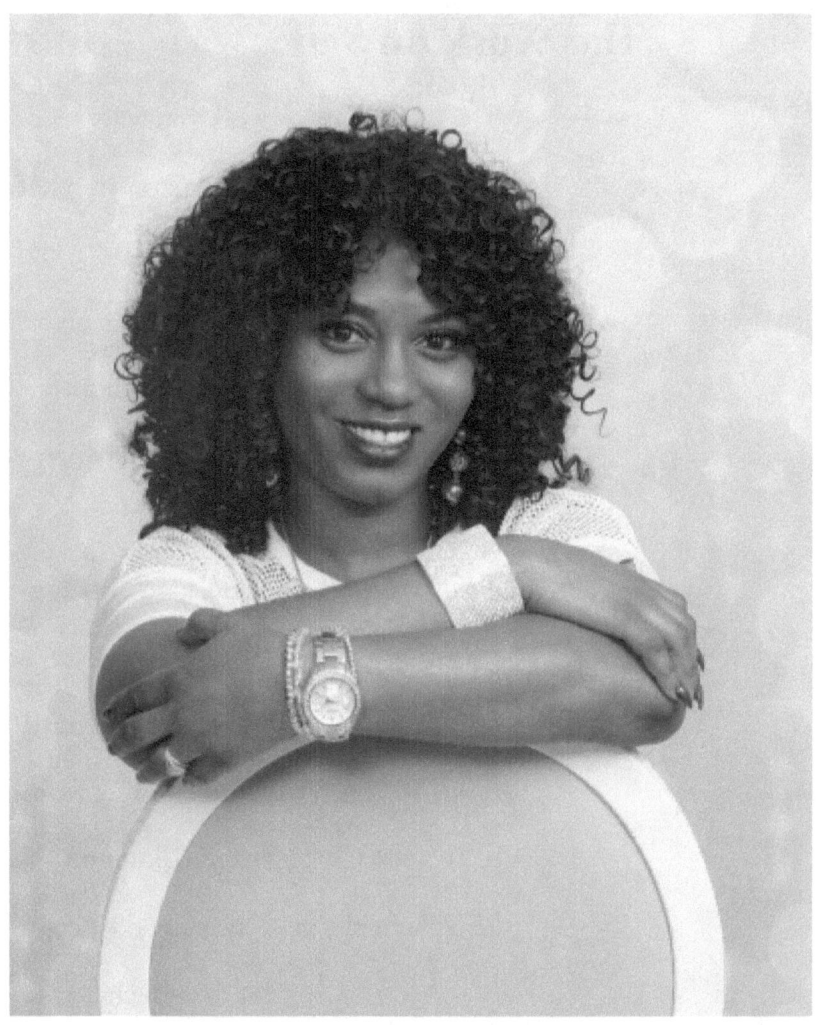

The Work on Self

The hardest work you will ever do

Is the work on **yourself.**

Not the 9-to-5 grind,

Not the hustle, not the late nights,

Not the gym, not the grindstone,

But the **mirror.**

Looking into your own eyes

And asking the hard questions:

Who am I?

What do I need?

What am I running from?

It's easy to point fingers,

To blame the past, the pain, the people.

But the real challenge?

Holding yourself accountable.

Healing is ugly.

Growth is uncomfortable.

Change is terrifying.

Because to become **who you are meant to be,**

You must first face **who you are.**

Unlearn the patterns that keep you stuck.

Break the cycles that hold you back.

Silence the doubts that whisper **"You can't."**

And remind yourself that **you can.**

The work on self never ends.

It is a **journey, not a destination.**

It is **progress, not perfection.**

It is **falling, failing, and rising again.**

And one day,

You'll look back and realize—

You were always worth the work.

Behind the Words: The Work on Self

This poem is about **self-discovery, healing, and growth.**

It reminds us that:

- The real work is **internal, not external.**
- Healing is **messy, but necessary.**
- Change doesn't happen overnight—**but every step is worth it.**

Self-Growth

Growth is never easy,

But staying the same is even harder.

The person I was yesterday?

She's no longer here.

She left behind her doubts,

Her fears,

Her need to be accepted by those who never deserved her.

I have outgrown my past,

Like a snake shedding old skin,

Like a tree stretching toward the sky,

No longer confined to the pot it once grew in.

Self-growth is a **journey, not a destination.**

It is **unlearning the lies** you were told about yourself,

And **relearning the truth—**

That you are **capable, worthy, limitless.**

It is **walking away from what no longer serves you,**

Even when it's familiar,

Even when it hurts.

It is **choosing discipline over excuses,**

Healing over repeating the cycle,

Courage over comfort.

It is **knowing that mistakes don't define you,**

They refine you.

It is realizing that you owe **no one** an explanation

For choosing yourself.

And as I grow,

I will never shrink again.

I will take up space.

I will shine.

I will evolve.

And I will **never apologize for it.**

Behind the Words: Self-Growth

This poem is about the **beauty and struggle of personal evolution.**

It speaks to:

Letting go of old versions of yourself.

Breaking free from limitations and past mistakes.

Understanding that growth is an ongoing process.

Choosing yourself and never shrinking to fit.

Acknowledgements

No journey is ever walked alone, and this book is no exception.

To my **family and friends**—those who have stood beside me through the storms and the sunshine—thank you for your unwavering love, support, and belief in me. You have been my anchors, my sounding boards, my laughter in the dark.

To my **daughter, Zahira Brown**—my heart, my light, my greatest motivation. Your love, your laughter, and your words have kept me going in ways you may never fully understand. You are my greatest blessing, and I dedicate this to you.

To the **strangers who became saviors**—the ones who, without knowing me, extended kindness, offered a hand, a prayer, a moment of grace. You reminded me that the universe listens, that humanity still has goodness, and that help sometimes comes from unexpected places.

To every **friend who supported me through my lowest moments**—who listened without judgment, wiped my tears, cheered me on, or simply sat in silence when words failed. You were my safe spaces, my reminders that I was never truly alone.

To **Bestie**—because, let's be real, this book wouldn't have been the same without you. Your edits, your encouragement, your unwavering dedication to seeing this through with me—I appreciate you more than words can say. You are the real MVP.

To my **readers**—thank you for stepping into my world, for embracing my words, and for sharing this journey with me. May you find pieces of yourself in these pages, and may my truths remind you of your own strength.

And lastly, to **Carline Creative Publishing**—the start of something bigger than me, a platform that will tell stories that deserve to be told. This is only the beginning.

Photo Credits: Delamour Photos, Melvyn Windmon, Powell Photo, Frosty Blue Photos

With gratitude,

Carline Brown

Closing Thoughts

This is only the beginning.

Carpendium is more than just a book of poetry—it's a movement, a declaration, a **testament to living fully and unapologetically.** These pages hold my truths, my struggles, my victories, and my transformation.

But the journey doesn't stop here.

The next chapter continues with **Compendium**—a collection of voices, a fusion of perspectives, where others will share their stories alongside mine. A book for all, reflecting the collective human experience. (Interested? Email publishingcreatively@gmail.com)

Then comes **YOLO Carpe Diem**, the final piece in this trilogy—a bold, uninhibited dive into the sensual, the raw, the untamed. A collection that will be **as visually striking as it is emotionally captivating.**

If *Carpendium* is about **seizing the moment**, then the books to come will be about **embracing every aspect of life—love, passion, growth, and evolution.**

Thank you for taking this journey with me.

Until next time,

Carline Brown

Stay Connected with Lady Carline

Thank you for reading *Carpendium*.

Your support means the world — and it inspires the words still waiting to be written.

Follow my journey, explore new releases, and stay connected:

Instagram: @Simplycarlinebrown / @Publishingcreatively

Facebook: The Lady Carline / Publishing Creatively

TikTok: @LadyCarlinelive / @Publishingcreatively

Website: www.PublishingCreatively.com

Email: publishingcreativel@gmail.com

For speaking engagements, publishing inquiries, collaborations, and media requests, please visit my website.

Words That Inspire. Stories That Resonate.

— *Publishing Creatively LLC*

Tribute to Mama Gretel

Alvira "Gretel" Campbell

January 16, 1950 – August 7, 2024

For the woman who cooked for a village, danced in the Spirit, and stitched a legacy of love.

You weren't rich, but you were royalty.

Not a beggar. Not needy. Not greedy—

You said it loud every time I missed your call.

You didn't just stitch fabric—

you stitched my creativity to life.

You raised me from five,

Taught me to clean, wash, cook, iron—

Not from books, but from hands shaped by hardship and grace.

You made me string that sewing machine

as you stitched school uniforms, church dresses,

even my graduation gown.

From your scraps, I made dolly clothes.

Maybe that's where the seeds of my imagination bloomed.

You called me "Angel." Sometimes "Miss World."

You'd shake your head, laugh, and say,

"Go put on clothes—yuh love dress naked!"

You weren't soft, Mama.

You were strong. You were firm.

You believed in discipline, in structure, in consequence.

"You do the crime, you pay the time,"

And oh, I paid it—even in church.

But now I see,

That was your way of loving out loud.

You had your sayings—

"Lay with dog, you'll catch fleas."

"One one coco full basket."

"Every mickle mek a muckle."

And when the belt came out:

"A because mi love yuh mek mi beat yuh!"

You fed everyone,

from students and neighbors to strangers and strays.

You made fry dumplin' and chicken back

taste like a royal feast.

You were a community chef,

an evangelist, a prayer warrior,

a woman who would get up in church and

dance like the angels were in your bones.

You didn't just raise me—

you made me believe in dreams.

And when I finally brought you to America,

you told me how proud you were.

But Mama, I'm the one who's grateful—

for a goodbye wrapped in grace.

I won't forget that last day.

You cooked like old times.

We laughed, we talked, we cleaned.

And you said thank you.

You got to say goodbye,

And I got to hear it.

Now you walk with angels—

but when I sing:

"Can't even walk without You holding my hand,"

I feel you in every note,

Still holding mine

through the pain.

And Mama?

Just so you know...

I still feed strangers,

I still dance,

I still sew my dreams

with your thread.

Your legacy isn't gone.

It's living in me.

In every stitch, in every flame.

Rest well, Mama Gretel.

www.ingramcontent.com/pod-product-compliance
Lightning Source LLC
Chambersburg PA
CBHW021804220426
43662CB00006B/177